# 365
## historias de la Biblia
## y oraciones

Cuentos orginales escritos por: Sean Connolly, Rachel Elliott, Kath Jewitt, Sue Graves, Jillian Harker, Richenda Milton-Daws, Michael Phipps, Gill Tavner

Ilustraciones: Giuliana Gregori, Natalie Hinrichsen, Anna Luraschi, Laura Rigo, Anna Shuttlewood, Christine Tappin, Barbara Vagnozzi

Cubierta ilustrada por Laura Rigo

Traducción, redacción y maquetación: Delivering iBooks & Design, Barcelona

La editorial ha intentado por todos los medios reconocer el trabajo de todos los colaboradores de este libro. En caso de errores u omisiones, nos comprometemos a rectificarlos en futuras ediciones.

Publicado por primera vez en 2013 por Parragon Books, Ltd.

ISBN: 978-1-68052-872-5

Impreso en China/Printed in China

Para _____

De _____

# 365
# historias de la Biblia y oraciones

PaRragon.

# Índice

## HISTORIAS DE LA BIBLIA
### Antiguo Testamento

# Índice

# Índice

# Índice

# Índice

# HISTORIAS DE LA BIBLIA
## Nuevo Testamento

# Índice

# ORACIONES

Dios está de mi parte.
Confío en Dios
y alabo su palabra.

*Salmo 56*

# Historias de la Biblia
# Antiguo Testamento

# Dios creó el mundo

Génesis 1:1-2:3

Hace mucho tiempo, en el mundo no había nada, solo oscuridad.
Ni mares ni tierra firme, ni ríos ni montañas, ni bosques ni desiertos.
Nada en absoluto, hasta que Dios se puso manos a la obra.

—Que se haga la luz —dijo, y el mundo se llenó de luz.

A continuación, Dios creó los mares y, entre uno y otro, tierra
firme. Luego cubrió la tierra de árboles y plantas.

Encima de todo esto colocó un sol cálido para que iluminara
el día y una luna plateada que brillara de noche. Entonces esparció
millones y millones de estrellas, y así fue como creó el cielo.

Pero en este mundo no había seres animados. Hasta que Dios
llenó los mares de peces de plata. Luego creó cangrejos con su
caparazón, tiburones feroces y ballenas enormes.

Sobre la tierra, Dios creó aves que volaban y se sumergían en
el agua. Y las mariposas, abejas y murciélagos llenaron el aire de vida.

Entonces creó animales de todas las clases para que vivieran
sobre la tierra.

Dios estaba satisfecho con su trabajo.

# Dios creó a las personas

Génesis 2

Por último Dios creó al primer hombre y a la primera mujer para que cuidaran de los maravillosos animales de su creación.

—Os llamaré Adán y Eva —les dijo.

Cuando hubo terminado, observó su trabajo y sonrió. Había tardado seis largos días en completar este mundo nuevo, por eso al séptimo decidió descansar.

Dios no pudo haber elegido un lugar mejor para Adán y Eva. Era increíblemente bonito, lleno de plantas y flores de aromas embriagadores. Del suelo brotaban arroyos, y los árboles estaban llenos de ricas frutas.

Adán y Eva tardaron en dar un nombre a todos los animales (antílope, asno, babuino, camello, ciervo, delfín, gato, gorila, lagarto, liebre, murciélago, oso hormiguero), pero estaban satisfechos. Dios les había concedido todo lo que necesitaban.

# El pecado original

## Génesis 3

Adán y Eva podían comer los frutos de todos los árboles de su hogar, el Jardín del Edén, excepto uno.

—Este es el Árbol de la Sabiduría —les dijo Dios señalando un hermoso árbol lleno de manzanas rojas maduras—. No probéis jamás sus frutos.

Un día, una serpiente que vivía en el jardín vio a Eva junto al Árbol de la Sabiduría. Estaba admirando las jugosas manzanas que colgaban de sus ramas. Astuta, la serpiente se deslizó hacia ella.

—Mira qué manzanas tan apetecibles —siseó—. ¿Por qué no pruebas una?

Eva sabía que no podía hacerlo, y así se lo contó a la serpiente.

—Verásss qué sssabor másss rico —insistió la serpiente—. Si pruebas solo una no te pasará nada. ¡Vamos! ¡Te mueres de ganas de llevarte una manzana a la boca!

Eva negó convencida con la cabeza, pero la serpiente no pensaba rendirse.

—¿Sabes por qué os ha prohibido Dios que probéis las manzanas? —le preguntó—. Para que no tengáis el don de la sabiduría. De lo contrario sabríais lo mismo que Él. Conoceríais el bien y el mal.

Eva observó aquella deliciosa fruta. No podía evitar pensar cómo sería saber todo lo que sabía Dios. Entonces alargó el brazo, arrancó una jugosa manzana del árbol y le dio un buen mordisco. Después se la pasó a Adán para que la probara.

Y desde ese momento las cosas empezaron a ir mal.

Aquella noche, cuando Dios habló con Adán y Eva, ya sabía lo que habían hecho. Estaba enfadado y les ordenó que abandonaran el jardín de inmediato. Para asegurarse de que no volverían, envió a un ángel a las puertas del Edén.

# Dios pide a Noé que construya un arca

Génesis 6:9-22

Fuera del Edén, Adán y Eva y los hijos de sus hijos vivieron
una vida muy distinta de la que Dios había planificado para ellos.
Aun así, no los olvidó y nunca dejó de quererlos.

Pero cada vez había más personas que se olvidaban de Dios
y dejaban de quererlo. Al cabo de muchos años, Dios se sentía
muy desgraciado. Le hubiera gustado que el mundo fuera de otra
manera. Cada vez había más maldad. Por eso decidió acabar con
todo. El mundo necesitaba un nuevo comienzo.

Así que mandó un gran diluvio para que se llevara todas las cosas
malas. Pero había un hombre llamado Noé que sí amaba a Dios.
Él y su familia eran buenas personas, por eso Dios quiso que se
salvaran. De modo que le dio a Noé instrucciones muy claras y
le dijo que se preparara para una gran inundación.

Primero le pidió que construyera una barca enorme, a la que
llamó "arca". Después le dijo que la llenara con una pareja de cada
uno de los animales que había en el mundo.

Noé trato de avisar a sus vecinos, pero todo el mundo se reía de él, ya que no había agua en muchos kilómetros a la redonda y creían imposible que se produjera una inundación.

Pero él no les hizo caso y se puso a construir el arca. Trabajó mucho durante varios meses. La embarcación era tan grande que su altura superaba la del árbol más alto que existía.

Cuando terminó el arca, Noé reunió una pareja de cada animal del planeta.

La fila de animales parecía interminable, pero al final todos cupieron en el arca. Entonces cargó un montón de comida para que pudieran sobrevivir mucho tiempo.

Tan pronto como Noé, su esposa y el resto de su familia subieron a bordo, Dios se aseguró de cerrar bien la puerta del arca.

# El diluvio universal

Génesis 7-8

De repente se puso a llover. Al principio era una lluvia ligera y fina, pero después unas gotas enormes golpearon la Tierra con fuerza, originando un ruido ensordecedor. Los arroyos se convirtieron en ríos. Los ríos, en mares. Y todos los mares se unieron formando un único océano. El agua inundó la Tierra de Dios, hasta que ya no se vieron ni las cumbres de las montañas más altas. Todas las personas y los animales se ahogaron durante aquella terrible inundación.

Estuvo lloviendo sin parar durante cuarenta días y cuarenta noches. Solo se veía agua por todas partes.

Hasta que por fin paró de llover y el nivel del agua empezó a bajar. Noé mandó a un cuervo a buscar algún terreno que no estuviera inundado, pero no encontró ninguno.

# La promesa de Dios

Génesis 8; 9:7-17

Noé esperó siete días más antes de intentarlo de nuevo. Esta vez mandó una paloma, que regresó con un brote de olivo en el pico. Así supo Noé que las aguas habían bajado y que los árboles y las plantas crecían otra vez.

Siete días después, Noé volvió a mandar a la paloma. Pero esta vez el ave no regresó. Entonces Noé supo que no había riesgo de nuevas lluvias y que podían salir del arca.

Abrió las puertas del arca y todos los animales volvieron a pisar tierra firme.

Dios le hizo una promesa a Noé: le prometió que nunca más destruiría el mundo, y le dijo:

—Siempre que veas el arcoíris en el cielo, no olvides mi promesa y recuerda que pienso cumplirla.

# Job y sus tribulaciones

Job 1-42

Job era un hombre rico y feliz. Estaba casado y tenía diez hijos y un montón de animales. Y a pesar de que todo le iba bien, nunca presumía de ello. Era un hombre bueno y amable que quería a Dios con todo su corazón.

Y Dios estaba orgulloso de él.

—Nadie me ama como Job —solía decir.

—Por supuesto que te ama —contestaba el Diablo, que estaba celoso—. Le has dado muchas cosas. Si se las quitaras, otro gallo cantaría.

Pero Dios creía en Job.

—Tú lo has querido —le dijo un día al Diablo—. Ponle a prueba. Así te darás cuenta de lo mucho que confía en mí.

Desde entonces, las desgracias de Job se sucedieron una tras otra.

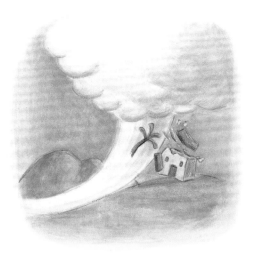

Primero le robaron el ganado y los asnos. Un rayo mató a sus ovejas y a sus pastores. Después, una banda de ladrones se llevaron sus camellos. Y, lo peor de todo, un tornado arrasó su casa y mató a todos sus hijos.

Pero Job no maldijo en ningún momento a Dios.

—Dios, tú me diste todo lo que tenía —rezaba—, y ahora crees que es mejor quitármelo.

El Diablo estaba furioso.

—Quien ríe el último ríe mejor —rugió el Diablo.

Entonces hizo que padeciera una enfermedad terrible y dolorosa. Pero Job no perdía su fe en Dios.

Hasta que un día le visitaron tres amigos.

—Dios no castiga sin motivo —le dijeron—. Seguro que has hecho algo muy malo. Pídele que te perdone.

Job montó en cólera. Estaba convencido de que no había hecho nada malo, pero empezó a sentirse confundido.

"¡No soporto tanto sufrimiento!", pensó. "¿Por qué Dios no se apiada de mí?".

Entonces Dios le preguntó:

—¿Dónde estabas cuando creé la Tierra? ¿Comprendes las maravillas de la creación? ¿Tienes el brazo de Dios o puedes bramar tal como lo hago yo? ¿Tienes algo que reprocharle al Todopoderoso?

Job estaba avergonzado.

—No soy nada, Señor —le contestó—. Hablo de cosas que no entiendo. ¡Perdóname! Aceptaré tu voluntad.

Dios le pidió a Job que perdonara a sus amigos porque no sabían lo que decían. Entonces le concedió el doble de riquezas de las que tenía antes, e incluso le dio más hijos.

Job se sentía humillado. Al final había comprendido la grandeza de Dios.

# La torre de Babel

Génesis 11:1-10

El tiempo fue pasando y la familia de Noé creció cada vez más. Tenía nietos, bisnietos y tataranietos.

La familia de Noé comenzó a poblar todos los rincones del mundo, tal y como Dios quiso que hicieran. Todos hablaban la misma lengua, así que se entendían con facilidad.

Parte de la familia se trasladó a Babilonia, donde crearon su hogar. Aprendieron a hacer cosas nuevas, como a fabricar ladrillos con barro secado al sol. Los babilonios unían esos ladrillos con alquitrán y así construían sus casas. Entonces empezaron a creer que eran muy listos.

Un día, alguien pensó que podían construir una gran torre. La torre de Babel tenía que ser la más alta del mundo. Así los babilonios serían famosos y admirados por todo el mundo.

A todos les pareció una gran idea, de manera que se pusieron manos a la obra.

Pero Dios observaba cómo avanzaba la construcción, cómo las paredes eran cada vez más altas.

Ver aquello lo entristeció. Se dio cuenta de que nadie
se acordaba de Él. Únicamente pensaban en ellos,
en su propia ambición. Los babilonios no tardaron
en creer que iban a ser tan grandes como Dios.
Empezaron a tener ideas cada vez más ambiciosas,
y Dios supo que llegarían a ser tan malvados como
la gente se había mostrado antes del diluvio.

Hasta que un día pensó que, como necesitaban
comunicarse para terminar la torre, si hablaran
lenguas diferentes y no pudieran explicarse las
ideas, tendrían que detener la construcción.

Entonces Dios repartió a la gente en
todas direcciones. Hizo que hablaran
muchas lenguas diferentes y no se
entendieran entre sí. ¿Y qué pasó
con la torre de Babel?
¡Pues que nunca llegó
a terminarse!

# Dios llama a Abraham

Génesis 12:1-9

Uno de los descendientes de Noé era un hombre rico llamado Abraham, una buena persona que creía en Dios.

Un día Dios le pidió que abandonara Ur y se instalara en otro país.

—Confía en mí —le dijo Dios—. Haré de ti el padre de una gran nación.

Abraham no quería irse de su acogedora vivienda, pero confió en Dios, así que empaquetó sus cosas y se marchó con Sara, su mujer, sus sirvientes, sus animales y su sobrino Lot.

Después de viajar durante muchos años, llegaron a un lugar llamado Canaán. Pero había un problema: si se quedaban allí juntos, no habría comida ni agua suficientes para todos.

—Tendremos que tomar caminos distintos —le dijo Abraham a su sobrino—. Elige dónde quieres quedarte.

# Dios promete un hijo a Abraham

Génesis 13; 15:1-6

Lot dirigió la mirada a las áridas colinas del oeste
y luego al valle exuberante del río Jordán, al este.

—Viviré allí —dijo egoístamente, y ni corto
ni perezoso se puso en camino hacia el valle.

Cuando se hubo ido, Dios le dijo a Abraham:

—Mira a tu alrededor. Toda la tierra que alcanzas
a ver será tuya para siempre, la exuberante y la
árida. Tendrás tantos descendientes como estrellas
hay en el cielo. Serás el padre de una gran nación
y tendrás un hijo propio.

Abraham y Sara no tenían hijos y cada vez eran
más mayores. Demasiado para tener hijos, pensaban.
Pero Abraham sabía que Dios siempre cumplía
sus promesas.

27

# Los tres visitantes

### Génesis 18:1-10

Unos años más tarde, Abraham estaba sentado delante de su tienda
cuando vio acercarse a tres hombres.

—¡Venid! —les invitó—. Descansad y compartid con nosotros la
comida. —Los tres desconocidos se sentaron a la sombra. Abraham
fue a buscar agua y le pidió a Sara que preparara algo de comer.

—Gracias —dijo uno de los hombres—. Ahora deja que te
digamos una cosa. Dentro de nueve meses tu mujer y tú tendréis
un hijo.

Sara, que estaba en la tienda, se puso a reír.

"Soy demasiado mayor para tener un hijo", pensó.

Al oírla, uno de los hombres preguntó por qué se reía.

—Para el Señor no hay nada imposible —dijo.

Entonces Abraham supo que
aquellos visitantes no estaban
allí por casualidad.
Hablaban en nombre
de Dios.

# El nacimiento de Isaac

### Génesis 21:1-7

Aunque Abraham y Sara sabían que Dios les había prometido un hijo, les costaba creer que algo tan extraordinario pudiera suceder. Sin embargo, al cabo de nueve meses la promesa se convirtió en realidad y Sara tuvo un precioso niño.

Abraham y Sara no cabían en sí de gozo. ¡Llevaban tantos años esperando aquel niño!

Abraham dijo:

—Lo llamaremos Isaac, que significa "el que ríe". Así nos recordará lo felices que nos sentimos.

Día tras día, Abraham y Sara veían cómo Isaac crecía, gateando por la tienda, riendo y jugando.

—Un día se convertirá en un joven apuesto —decía su madre orgullosa.

Abraham recordó que muchos años atrás Dios le había dicho que sus hijos serían el comienzo de una gran nación. Con el nacimiento de Isaac, supo que algún día eso se haría realidad.

# Lot es rescatado de Sodoma

Génesis 18:17-22

En las llanuras de Canaán había dos ciudades llamadas Sodoma y Gomorra. Allí vivían personas malvadas que se comportaban con crueldad y encendían la ira de Dios. Un día, Él decidió hacer algo para acabar con esa situación.

—No puedo permitir que esta maldad continúe —le dijo Dios a Abraham—. Tengo que destruir Sodoma y Gomorra antes de que el mal se extienda.

—Pero ¿qué va a suceder con las personas bondadosas que viven allí? —preguntó Abraham—. ¿No vas a salvarles la vida?
—Pensaba en su sobrino Lot y su familia, que vivían en Sodoma. Eran las únicas buenas personas de toda la ciudad.

Aquella noche Dios envió dos ángeles disfrazados de viajeros a Sodoma para que localizaran a Lot y les encomendó lo siguiente:
—Decidle que él y su familia deben irse de la ciudad cuanto antes.

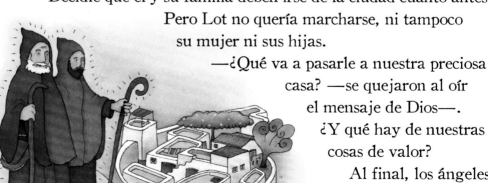

Pero Lot no quería marcharse, ni tampoco su mujer ni sus hijas.

—¿Qué va a pasarle a nuestra preciosa casa? —se quejaron al oír el mensaje de Dios—. ¿Y qué hay de nuestras cosas de valor?

Al final, los ángeles los convencieron para salir de allí, justo a tiempo.

# La mujer de Lot vuelve la vista atrás

Génesis 19:23-29

En cuanto Lot y su familia abandonaron la ciudad, el cielo de
Sodoma se tiñó del color de la sangre y la tierra se puso a temblar.
Una inmensa lluvia de fuego y gas comenzó a caer sobre la ciudad.

—Corred hacia las colinas —les dijeron los ángeles—. ¡Y no
miréis atrás!

Lot y sus hijas corrieron para ponerse a salvo, pero su mujer
solo pensaba en sus pertenencias. Entonces se detuvo y volvió
la vista atrás con nostalgia de la ciudad donde había vivido.
En ese mismo instante, se convirtió en una estatua de sal.

# Isaac y Rebeca

### Génesis 24

Pasó el tiempo e Isaac se convirtió en un hombre hecho y derecho. Un día Abraham le pidió a su criado más fiel:

—Ve a mi país natal y encuentra una esposa para Isaac.

El criado cargó diez camellos y emprendió un largo viaje.

Cuando llegó a la ciudad donde vivía Najor, el hermano de Abraham, llevó a los camellos junto al pozo para que descansaran y rezó:

—Te lo ruego, Dios, ayúdame a encontrar la esposa adecuada para Isaac. —Al rato vinieron unas mujeres a buscar agua.

"Le pediré a una que me dé de beber. Si es sensata y también trae agua para los camellos, será la mujer que busco", pensó.

Entonces levantó la cabeza y vio a una guapa muchacha que llevaba una jarra de agua. Le pidió que le diera un poco. Ella le ofreció su jarra y luego fue corriendo a buscar agua para los camellos.

—¿Cómo te llamas? —le preguntó.

—Soy Rebeca, la nieta de Najor.

El criado conoció a la familia de Rebeca y les contó qué le había traído hasta allí.

Aunque tenía que dejar a su familia y vivir lejos, Rebeca aceptó irse con él.

Isaac se enamoró de Rebeca nada más verla y la boda no tardó en celebrarse.

# Nacimiento de Jacob y Esaú

Génesis 25:19-34

Pasó bastante tiempo desde la boda de Isaac y Rebeca, pero seguían sin tener hijos. Isaac recordaba que Dios le prometió a su padre que iban a ser el inicio de una gran nación. Rezó a Dios y le pidió un hijo.

Poco después, Rebeca tuvo dos gemelos, Esaú y Jacob. Pero los niños no se parecían en nada.

Esaú era el favorito de Isaac, y al ser el hermano mayor estaba designado a ser el cabeza de familia cuando muriera su padre. Le encantaba cazar y a menudo traía a casa sus presas para llenar el puchero.

Jacob, el favorito de Rebeca, era mucho más tranquilo y prefería quedarse en casa.

Un día, cuando Esaú regresó de cazar, encontró a Jacob cocinando unas lentejas.

—Podrías ponerme un plato de lentejas —le dijo Esaú.

—Claro que sí —respondió Jacob—, con la condición de que sea yo el cabeza de familia cuando nuestro padre muera.

Esaú debía de estar muy hambriento porque aceptó el trato sin rechistar.

# Jacob engaña a Esaú e Isaac

### Génesis 27

Pese a ser gemelos, Jacob y Esaú
eran muy distintos. Jacob tenía
la piel suave, en cambio Esaú
era muy peludo y pelirrojo.

Al envejecer, Isaac se quedó
ciego. Como sabía que pronto
iba a morir, decidió bendecir a
su hijo mayor Esaú, lo que en
aquellos tiempos significaba
elegir al cabeza de familia.
Un día Isaac le mandó a cazar
para poder comer juntos su
estofado favorito antes de la
bendición.

Pero Jacob se acordó del trato que había hecho con su hermano
tiempo atrás: Esaú había llegado tan hambriento después de
cazar, que cambió su condición de hermano mayor por un plato
de lentejas. Jacob quería asegurarse de que sería él quien recibiría
la bendición de Isaac.

Además, su madre estaba de su lado. Y así fue como Rebeca
urdió un plan. Sabía que Isaac no notaría si Jacob se hacía pasar
por su hermano, ya que el anciano estaba completamente ciego.
Ajeno al engaño, el padre bendeciría a Jacob en lugar de Esaú.

Así que, mientras Esaú estaba de cacería, le pidió a Jacob que
matara dos cabritos, con los que preparó el estofado favorito de

Isaac. Después envolvió la piel de los animales alrededor de los brazos de Jacob para que pareciera la piel peluda de Esaú. Lo vistió con la ropa de su hermano y le pidió que sirviera la comida a su padre.

Al principio todo fue bien. Isaac se deleitó con el delicioso aroma del guiso. Cuando alargó la mano para tocar a su hijo, notó los brazos peludos y creyó que se trataba de Esaú. Pero su voz le sonaba extraña.

—¿Eres tú, Esaú? —le preguntó.

—Sí, padre, soy yo —mintió Jacob.

Así pues, Isaac pidió a Dios que bendijera a Jacob, pensando que era su hijo mayor.

Cuando Esaú volvió y le llevó la comida a su padre, se enteró de todo. Se enfadó tanto que Rebeca temió que matara a Jacob. La madre convenció a Isaac de que era el mejor momento para que Jacob se marchara y buscara a su futura esposa. De esa forma estaría fuera de peligro.

# La escalera de Jacob

Génesis 28:10-22

Decidieron mandar a Jacob a casa de Labán, el hermano de su madre. Los padres del joven tenían la esperanza de que encontraría a su futura esposa entre su propio pueblo.

Así que Jacob emprendió el viaje solo y asustado. Al atardecer se echó a dormir en el suelo envuelto en su capa para no pasar frío.

Por la noche tuvo un sueño. Vio una escalera que conducía al cielo, por la cual subían y bajaban ángeles que llevaban mensajes de Dios.

De repente, Jacob vio que Dios estaba a su lado y le decía:

—Soy el Dios de Abraham e Isaac. Convertiré el suelo en el que yaces en tu hogar. Te bendeciré a ti y a tus hijos y a los hijos de tus hijos. Estaré pendiente de ti, te cuidaré vayas donde vayas y te traeré siempre de regreso a este lugar.

Cuando Jacob se despertó, seguía estando asustado. Tenía por delante un viaje muy largo por tierras desconocidas. Pero entonces se acordó del sueño y se sintió algo mejor.

—Si me proteges y me devuelves sano y salvo a casa, como me dijiste —rezó Jacob—, siempre serás mi Dios.

Después, sintiéndose más fuerte y consolado, Jacob se levantó y retomó su viaje. Aún estaba a muchos kilómetros de distancia del país natal de su madre.

# Jacob conoce a Labán

Génesis 29:1-14

Finalmente, Jacob llegó al lugar donde vivía Labán, el hermano de su madre, aunque no sabía cómo encontrarlo. Cerca de un pozo, vio tres rebaños de ovejas que estaban pastando. Entonces se acercó una guapa muchacha que iba a buscar agua. Jacob retiró la piedra que cubría el pozo para ayudarla.

La joven resultó ser Raquel, la hija pequeña de Labán. ¡Jacob no podía creer que hubiera tenido tanta suerte! Le explicó quién era y ella le llevó a ver a su padre. Toda la familia estuvo encantada de conocerlo y le dieron una calurosa bienvenida.

# Jacob se casa con Lea y Raquel

Génesis 29:15-30

Labán, el tío de Jacob, tenía dos hijas. Lea, la mayor, poseía unos ojos preciosos, pero su hermana Raquel era graciosa y muy guapa. Jacob se enamoró perdidamente de Raquel.

Le dijo a Labán que trabajaría para él durante siete años si después de aquel tiempo podía casarse con Raquel. Labán aceptó, pero antes quería casar a su hija mayor como mandaba la tradición, así que decidió tenderle una trampa a su sobrino.

Los siete años pasaron rápidamente y llegó el día de la boda. Labán acompañó a su hija al altar, pero Jacob no se imaginaba que era Lea la que se casaría con él, en lugar de su hermana. Como llevaba un grueso velo no pudo verle la cara.

Cuando se enteró de que se había casado con la hermana mayor, Jacob montó en cólera.

Más tarde, Labán accedió a que se casara también con Raquel, por lo que Jacob tenía dos esposas. En aquella época esto no estaba mal visto, siempre y cuando el hombre pudiera mantener a más de una mujer.

39

# Jacob tiene muchos hijos

Génesis 29:32-30:24

Lea estaba triste porque sabía que Jacob quería más a su hermana Raquel que a ella. Pero pronto tuvo un hijo al que llamaron Rubén. A Lea y Jacob les llenó de felicidad el nacimiento de su primer hijo.

Después tuvieron más hijos; sin embargo, Raquel seguía sin dar a luz. Con el tiempo, Jacob tenía diez hijos preciosos. Tras Rubén llegaron Simeón, Leví y Judá. Los otros hijos eran Dan, Neftalí, Aser, Gad, Isacar y Zabulón. Jacob y Lea también tuvieron una hija llamada Dina.

Raquel seguía estando triste porque no tenía hijos. Rezó durante mucho tiempo, hasta que Dios atendió sus plegarias. Entonces Jacob y Raquel tuvieron un hijo llamado José. Un día, José se convertiría en un hombre muy importante.

# Jacob regresa a Canaán

### Génesis 32:1-21

Transcurridos muchos años, Jacob decidió regresar a Canaán con sus esposas e hijos. Pero durante el camino sintió miedo. Era consciente de que había tratado mal a Esaú y temía el encuentro con su hermano. ¿Le habría perdonado o todavía pensaba matarle?

Así que Jacob mandó adelantarse a unos mensajeros, que pronto volvieron con noticias: Esaú venía a su encuentro acompañado de cuatrocientos hombres.

Jacob estaba seguro de que su hermano quería atacarle. Eligió algunos de sus mejores animales para regalárselos a Esaú y mandó a sus criados que se los hicieran llegar. Tenía la esperanza de que esto ablandaría el corazón de su prójimo.

Luego, a solas en el campamento, empezó a preocuparse por el reencuentro con su hermano y le pidió ayuda a Dios.

—Me prometiste que cuidarías de mí —dijo—. Por favor, sálvame de la ira de mi hermano.

# Jacob se pelea con Dios

Génesis 32:22-33

Aquella noche, Jacob estaba tan preocupado que mandó a sus esposas, a sus hijos y a sus criados a la otra orilla del río para poder quedarse a solas con Dios.

Mientras rezaba, apareció un desconocido y se enzarzó en una pelea con él. Jacob pasó toda la noche peleando con aquel hombre.

Aquel desconocido resultó ser Dios, que había venido para confirmarle a Jacob que estaba actuando bien. Antes de irse con el alba, Dios le bendijo y le dio un nuevo nombre: Israel.

# Jacob se reencuentra con Esaú

Génesis 33

Cuando Esaú y sus hombres se acercaron a Jacob, a pesar de los temores de este no hubo ningún problema. Esaú corrió hacia su hermano con los brazos abiertos y los dos olvidaron viejas rencillas.

Dios había respondido a las oraciones de Jacob.

—Ver tu cara de bienvenida ha sido como ver la cara de Dios —le dijo exultante Jacob a Esaú.

Muchos años después, la gran familia de Jacob llegó a conocerse como "los hijos de Israel" o "los hebreos". Dios había cumplido su promesa.

# El hijo favorito de Jacob

Génesis 37:1-3

Jacob era padre de familia numerosa. Cuando vivía en Canaán tenía nada menos que doce hijos.

De sus dos esposas, Raquel era su favorita, y con ella había tenido a José. Raquel le había dado otro hijo, pero por desgracia ella murió durante el parto. A raíz de su muerte, Jacob quedó desolado. Llamó a su hijo Benjamín.

En aquella época, el primogénito de la familia recibía un trato especial. José era el hijo mayor de Raquel, y Jacob no podía ocultar que lo quería más que a los otros. Lo mimaba y lo trataba de forma distinta.

José y sus hermanos eran pastores y cuidaban el rebaño de ovejas de su padre. Como era el favorito, José le contaba a su padre si alguno de sus hermanos iba por mal camino.

# La túnica especial de José

Génesis 37:3-4

Jacob quería demostrarle a José lo mucho que le quería, y así mismo enseñar a todo el mundo lo especial que era su hijo para él. Así que pensó regalarle una bonita túnica de manga larga estampada en vivos colores, que le habían confeccionado expresamente. Era una prenda que solía vestir el primogénito de la familia.

Cuando los diez hermanos mayores vieron que llevaba aquella túnica tan especial, se dieron cuenta de que José era el favorito de su padre, lo cual les entristeció e indignó al mismo tiempo.

Estaban muy celosos de José y se negaban a hablar con él.

# Los sueños de José

Génesis 37:5-11

José empeoraba todavía más las cosas
porque insistía en contar sus sueños,
en los que siempre era el protagonista.

—¿Sabéis qué soñé anoche?
—dijo un día—. Estábamos atando
gavillas de grano en el campo cuando,
de repente, la mía se levantó y se
puso derecha, mientras las vuestras se
arremolinaban a su alrededor y le hacían
una reverencia.

Los hermanos de José supieron enseguida a qué se refería.

—¿Piensas que vas a ser el rey y que vas a mandar sobre todos
nosotros? —le preguntaron.

José no tardó en tener otro sueño.

—Oídme —les dijo a sus hermanos—, anoche soñé que el sol,
la luna y once estrellas se inclinaban ante mí.

A sus hermanos no les hacía ninguna
gracia, pero José pensaba que quizá
Dios le había elegido para ser
alguien muy especial.

# La venganza de los hermanos

Génesis 37:18-24

Un día los hermanos mayores de José cuidaban el rebaño de ovejas lejos de casa. Jacob envió a José a buscarlos para asegurarse de que estaban bien.

Los hermanos vieron cómo se acercaba desde la distancia. Llevaba la túnica que le había regalado su padre.

—Ha llegado el momento de librarnos de él de una vez por todas —dijeron.

Así que urdieron un plan para matarlo. Después dirían que un animal salvaje lo había atacado en el bosque. Estaban hartos de José y de sus sueños.

Cuando llegó, sus hermanos le agarraron. Pero el mayor, Rubén, los detuvo.

—Vamos a bajarlo al pozo y lo dejaremos allí hasta que se muera —dijo, pensando en rescatar en secreto a José más tarde. Sus hermanos le desgarraron la túnica y lo tiraron a un oscuro y profundo pozo.

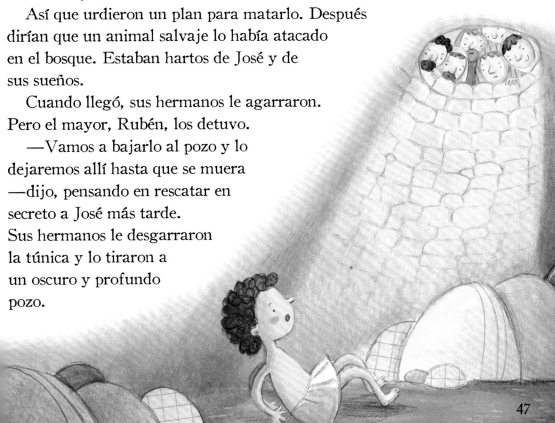

# José es vendido como un esclavo

Génesis 37:25-35

Más tarde, mientras los hermanos comían, pasaron por allí unos mercaderes de especias que se dirigían a Egipto. Al verlos, Judá tuvo una idea.

—No ganaremos nada con que muera —dijo—. ¿Por qué no lo vendemos como esclavo?

Y eso fue lo que acordaron. Sacaron a José del pozo y lo vendieron por veinte monedas de plata al primer grupo de mercaderes que se acercó.

Después mataron una cabra, mancharon con su sangre la túnica de José y se la llevaron a su padre.

Cuando Jacob vio la túnica rota y ensangrentada, creyó que Jacob había sido atacado y muerto por una fiera.

Al ver lo afectado que estaba, sus hijos se apiadaron de él.

Sin embargo, no se atrevieron a contarle lo que había sucedido en realidad.

# José y Putifar

Génesis 39

Mientras tanto, en Egipto, los mercaderes habían llevado a José
al mercado de esclavos. Fue adquirido por Putifar, el capitán de
la guardia de la corte del faraón egipcio.

Putifar no tenía ninguna queja de su esclavo, a quien apreciaba
y con el que tenía confianza. Con el tiempo, lo puso a cargo de
la casa y, más adelante, de todas sus tierras.

Pero al poco tiempo las cosas
se torcieron para José.

La esposa de Putifar,
que era una mujer
malvada, decidió
complicarle la vida
a José. Le contó
mentiras a su
marido, diciéndole
que José la había
atacado cuando
nadie los veía.

Al oír aquello,
Putifar ordenó que
lo encarcelaran.

# El mayordomo y el panadero

Génesis 40

Cuando José llevaba un tiempo en la cárcel, llegaron dos prisioneros nuevos: el mayordomo y el panadero del faraón.

Una noche, los dos tuvieron sueños muy extraños. A la mañana siguiente, José vio que estaban algo preocupados.

—Dios nos puede decir lo que significan los sueños —les dijo José—. Contadme qué habéis visto en vuestros sueños.

El mayordomo le dijo que había soñado con una vid. Había exprimido el zumo de las uvas en la copa del faraón y se lo había dado a beber.

—El significado está claro —dijo José—. Dentro de tres días serás libre y volverás a trabajar para el faraón. Cuando eso suceda, defiéndeme, por favor.

Entonces cedió la palabra al panadero.

Este había soñado que llevaba tres cestas de pasteles al faraón, pero que una bandada de pájaros los había picoteado todos.

Al oír aquello, José sacudió la cabeza con tristeza.

—Este sueño no es nada bueno —dijo—. Dentro de tres días el faraón ordenará que te maten.

José tenía razón. Tres días después, el mayordomo volvió a trabajar en el palacio del faraón y el panadero fue ejecutado.

Así mismo, cuando el mayordomo salió de la cárcel olvidó la promesa que le había hecho a José de hablar en favor de él, y este permaneció encerrado.

# Los sueños del faraón

Génesis 41:1-7

Dos años más tarde, el faraón empezó a tener extraños sueños. En uno de ellos estaba a orillas del río Nilo cuando siete vacas gordas salieron del agua y se pusieron a pastar tranquilamente en la hierba. Después salieron otras siete vacas flacas y huesudas, que se comieron a las primeras.

Cuando volvió a quedarse dormido, el faraón tuvo otro sueño: siete mazorcas hermosas y jugosas brotaron de un único tallo. Después brotaron otras siete, aunque finas y quemadas por el viento de Oriente. Sin embargo, las mazorcas más finas devoraron a las otras siete.

# La liberación de José

Génesis 41:8-16

El faraón estaba muy preocupado por sus sueños, así que a la mañana siguiente convocó a todos los magos y sabios del país. Sin embargo, nadie supo descifrar su significado.

Entonces el mayordomo hizo memoria.

—Hace mucho tiempo —le dijo al faraón— estabais muy enfadado con vuestros sirvientes. El panadero y yo acabamos en la cárcel. Una noche los dos tuvimos un sueño, cada uno con un significado muy especial.

El mayordomo siguió contando la historia de un joven hebreo, José, que estaba en su misma celda y había descifrado el significado de sus sueños.

—Las cosas sucedieron tal como él nos dijo —dijo el mayordomo—. Yo salí de la cárcel y recuperé mi trabajo y el panadero murió ahorcado.

—Si este hombre conoce el significado de los sueños, quiero verlo —dijo el faraón.

Poco después, José salió de la cárcel y fue llevado a palacio.

53

# José interpreta los sueños

Génesis 41:16-31

El faraón le contó su sueño a José:

—Estaba yo a orillas del Nilo
cuando salieron siete vacas del
agua. Eran gordas y sanas,
y se pusieron a pastar.
Entonces aparecieron otras
siete, flacas y muy feas.
Jamás he visto unas vacas
tan escuálidas en todo Egipto.
Pues bien, aquellas vacas flacas
devoraron a las gordas. Aun así,
después de tragárselas seguían estando

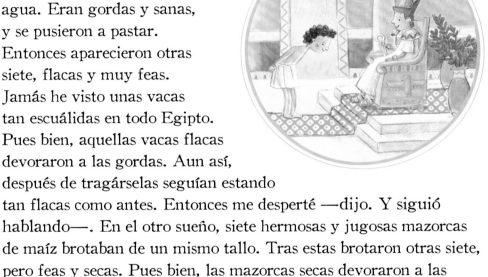

tan flacas como antes. Entonces me desperté —dijo. Y siguió
hablando—. En el otro sueño, siete hermosas y jugosas mazorcas
de maíz brotaban de un mismo tallo. Tras estas brotaron otras siete,
pero feas y secas. Pues bien, las mazorcas secas devoraron a las
jugosas. Les he contado mis sueños a los hombres más sabios del
país, pero ninguno sabe qué significan.

José le dijo al faraón:

—Ambos intentan deciros lo mismo. Habrá siete años de buenas
cosechas seguidos de otros siete de malas cosechas. No habrá comida
y la gente morirá de hambre.

# José se convierte en líder

Génesis 41:32-57

José le dijo al faraón:

—Los dos sueños intentan deciros lo mismo porque Dios ha decidido que así sucederá. Convocad a los sabios de la corte y pedidles que almacenen todo el trigo que puedan para sobrevivir cuando escasee.

El faraón pensó que era una buena idea. Además, nombró primer ministro a José.

—Te encargarás del palacio y de todo mi pueblo —le dijo—. Solo yo, el faraón, seré más poderoso que tú.

Entonces le entregó un anillo de oro que llevaba en su dedo y le vistió con valiosos ropajes. José se puso manos a la obra y comprobó que el trigo que se estaba almacenando era suficiente.

Una vez más, las cosas sucedieron como había anunciado José. Gracias a la planificación, el pueblo no murió de hambre pese a los años de malas cosechas.

# Los hermanos de José

Génesis 42:1-17

En Canaán, Jacob y su familia
lo estaban pasando mal por
la escasez de trigo. Apenas
tenían nada que llevarse
a la boca.

El padre decidió enviar
a todos sus hijos, menos
a Benjamín, a Egipto,
a comprar un poco de
trigo.

Así fue como los diez
hermanos emprendieron
el largo viaje a Egipto.
Al llegar, fueron a ver al
primer ministro del faraón
para pedirle trigo.

Curiosamente, ninguno
de ellos se dio cuenta de que era José. En cambio, él los reconoció
enseguida. Entonces decidió comprobar si seguían siendo tan crueles
como antes.

—¡Sois espías! —les dijo acusándolos. Sus hermanos intentaron
explicarle que habían venido de Canaán para comprar comida, pero
José mandó que los encerraran en la cárcel.

# José pide ver a Benjamín

Génesis 42:16-43:15

Tres días más tarde les pidió que volvieran a casa y trajeran a su hermano pequeño para comprobar que decían la verdad.

José quería mucho a Benjamín y tenía muchas ganas de volver a verlo. Para estar seguro de que regresarían, se quedó con un hermano de rehén. Después ordenó a sus sirvientes que llenaran de trigo los sacos de sus hermanos antes de que se pusieran en camino. Y en el último momento, metió el dinero con el que habían pagado el trigo en uno de los sacos.

Al regresar a Canaán, los hermanos le contaron todo a Jacob.

—Pagamos por el trigo, pero alguien nos puso el dinero en los sacos —dijo uno de ellos—, y ahora creerán que lo hemos robado. Tenemos que volver y demostrar que somos honestos.

Jacob no podía soportar la idea de perder otro hijo, pero el trigo se terminó y la familia volvía a estar hambrienta. Judá suplicó a su padre que les dejara volver a Egipto con Benjamín, prometiendo cuidar del pequeño. Al final, Jacob accedió.

José reprimió las lágrimas al ver a su hermano favorito. Aún no quería que sus hermanos supieran quién era.

# La copa de plata

Génesis 43:16-44:34

José aún no quería revelar su identidad, pero se puso muy contento al verlos a todos.

—¿Está bien vuestro padre? —les preguntó amablemente.

Al responder, los hermanos se inclinaron ante él, justo como el sol, la luna y las estrellas con las que había soñado muchos años antes.

José ordenó que trajeran comida para todos y pidió a los sirvientes que le ofrecieran a Benjamín una cantidad mayor que la de los demás. Después, llenaron sus sacos de trigo.

Esta vez, José escondió su copa de plata en el saco de Benjamín. Los hermanos emprendieron el viaje de regreso, pero al poco rato los guardias de José los alcanzaron para registrar sus sacos.

Cuando apareció la copa, los hermanos, algo asustados, se inclinaron a los pies de José.

—El hombre en cuyo saco se ha encontrado mi copa debe quedarse aquí y ser mi esclavo. ¡Los demás os podéis ir! —ordenó José.

Pero Judá sabía que Benjamín era la niña de los ojos de su padre y no estaba dispuesto a romper su promesa de cuidarlo.

—Dejad que me quede en su lugar —suplicó—. Mi padre morirá de pena si no vuelve Benjamín.

# Juntos otra vez

Génesis 45:1-46:7

José no daba crédito a aquellas palabras. Ahora estaba convencido de que sus hermanos se habían convertido en hombres de bien. Ordenó a los sirvientes que salieran de la sala y les dijo:

—Soy vuestro hermano José.

Ellos se quedaron boquiabiertos.

—Fue Dios quien decidió enviarme a Egipto —les contó—, por eso he podido cuidar de vosotros y otras personas en tiempos difíciles. Todavía habrá cinco años más de malas cosechas. Tenéis que volver a casa y regresar aquí con el resto de la familia para que podamos vivir juntos.

José abrazó a Benjamín y después a sus otros hermanos, mientras lloraba de alegría.

Así fue como Jacob y toda su familia abandonaron las tierras de Canaán y se fueron a vivir a Egipto. Allí Jacob se pudo reunir por fin con su amado hijo José.

# La esclavitud en Egipto

### Éxodo 1

Al morir José, la vida en Egipto se complicó para los israelitas.
El nuevo faraón, que desconocía la buena obra de José, pensaba
que había demasiados israelitas en Egipto. Temía que se sublevaran
e intentaran hacerse con el control del país.

El faraón estaba convencido de que si obligaban a los israelitas
a trabajar de sol a sol, no tendrían fuerzas ni podrían engendrar
muchos hijos. De modo que los convirtió en esclavos al servicio de
señores que los explotaban sin miramiento.

A pesar de las penosas condiciones en las que vivían, los israelitas
eran fuertes y estaban sanos. La esclavitud no evitó que nacieran
muchos niños israelitas. Al darse cuenta de que su plan había
fracasado, el faraón tomó una terrible decisión: al nacer, los bebés
israelitas deberían ser arrojados al Nilo.

# El bebé de la cesta

Éxodo 2:1-10

Por aquel entonces una mujer israelita llamada Iojebed tuvo
un niño. Sabía que para evitar su muerte debería esconder al bebé.
Iojebed hizo una cesta con los juncos que crecían a orillas del río y
la cubrió con alquitrán para que no penetrara el agua. Después,
metió a su hijo en la cesta y lo escondió entre los juncos. A su hija
Miriam le pidió que no perdiera de vista al bebé.

Más tarde, la hija del faraón se acercó al río para darse un baño.
Cuando entró en el agua, vio la cesta y fue a ver qué había dentro.
El bebé se puso a llorar y la princesa, que tenía buen corazón,
se apiadó de él. Enseguida supo que debía de ser israelita.

Al verla, Miriam corrió hacia ella.

—¿Queréis que busque a alguien que cuide del bebé? —preguntó.

A la hija del faraón le pareció bien, y Miriam salió corriendo a
buscar a su madre. La princesa encargó a Iojebed que cuidara del
bebé hasta que tuviera edad de vivir en el palacio del faraón.

61

# La huida de Moisés

Éxodo 2:11-25

La hija del faraón llamó Moisés al bebé. Al cabo de un tiempo comenzó a hablarle a todo el mundo de él. Cuando creció parecía egipcio, aunque él nunca olvidó su origen israelita. Le entristecía ver cómo los egipcios trataban a su gente. Trabajaban de sol a sol, cavando y haciendo ladrillos para construir las mansiones de sus señores.

Un día, Moisés vio cómo un capataz egipcio golpeaba a un esclavo israelita. Indignado, perdió los estribos y se abalanzó sobre él. Moisés era joven y fuerte, y golpeó al egipcio con tanta fuerza que el hombre murió.

Al día siguiente, Moisés vio que dos israelitas se peleaban. Cuando fue a separarlos, uno de ellos le espetó:

—¿Piensas matarme como hiciste con el egipcio?

Moisés se quedó muy sorprendido al ver que todo el mundo sabía lo que había hecho. Si el faraón se enteraba de que había ayudado a un israelita, tendría serios problemas.

Entonces decidió huir. Moisés se fue a vivir a un país llamado Madián, donde trabajó de pastor.

# Moisés ayuda a las hijas del sacerdote
### Éxodo 2:16-25

En Madián vivía un sacerdote llamado Jetro, que había sido uno de los mejores consejeros del faraón. Sin embargo, como se llevaba bien con los israelitas, tuvo que abandonar la corte e irse a vivir a Madián.

Jetro se convirtió en un hombre muy importante. Pero pronto se dio cuenta de que era una tontería rezarles a las estatuas de falsos dioses y decidió colgar los hábitos.

Los habitantes de Madián se rebelaron contra él. También trataban con desprecio a sus hijas, a las que no dejaban ir a buscar agua para sus ovejas. Siempre tenían que esperar a que los demás hubieran acabado para acercarse al pozo.

Al llegar a Madián, Moisés vio que unos pastores impedían a las hijas de Jetro acercarse al pozo. Él las esperó y las ayudó a conseguir agua.

Jetro se sorprendió al ver que sus hijas habían regresado tan pronto del pozo. Cuando le dijeron que Moisés las había ayudado, lo invitó a su casa. Moisés había encontrado a un buen amigo.

Unos meses más tarde, Moisés se casó con Séfora, la hija mayor de Jetro.

# La zarza ardiente

Éxodo 3:1-4:17

Moisés trabajaba en el campo, cuidando las ovejas y las cabras de Jetro. Un día, las llevó a pastar cerca de un monte llamado Sinaí. De repente vio algo que le llamó la atención: había un arbusto que estaba en llamas, pero aun así no se consumía.

Cuando se dirigía hacia allí, oyó una voz. Pero cuál no sería su sorpresa al ver que aquel sonido procedía del interior del arbusto.

—Moisés, no te acerques tanto —dijo la voz—. Quítate las sandalias, ya que el suelo que pisas es sagrado.

Moisés obedeció al instante.

—Soy el Dios de Abraham, Isaac y Jacob —dijo la voz.

Moisés se tapó la cara, ya que tenía miedo de ver el poder de Dios. Sin embargo, escuchó atentamente sus palabras.

—Mi pueblo sufre —dijo—. Yo lo amo profundamente, y por eso voy a ayudarlo a liberarse del yugo de Egipto. Le espera un hogar maravilloso en una tierra rica en leche y miel. Moisés, quiero que regreses a Egipto y le digas al faraón que tú eres el enviado que sacará al pueblo de Israel de Egipto.

Pero Moisés no quería regresar.

—No me pidas eso —le rogó—. Nadie me va a escuchar.

—Yo estaré contigo —contestó Dios—. Cuando hayas sacado a mi pueblo de Egipto, darás las gracias en este mismo lugar, el monte Sinaí.

Pero Moisés no estaba convencido.

—Si le digo al pueblo de Israel que el Dios de sus padres me envía, querrán saber su nombre —dijo—. ¿Qué debo responderle?

—Dile al pueblo de Israel que te envía Yavé —dijo Dios—. El nombre de Yavé tiene un significado muy especial. Significa que Dios ha vivido siempre y que seguirá viviendo por los siglos de los siglos. Él es Dios, y Él te ama. Confía en Él.

—Regresa a Egipto —repitió Dios—. Reúnete con Aarón, tu hermano, y ve con él a pedirle al faraón que deje libre a mi pueblo.

Moisés estaba aterrorizado con la idea de regresar a Egipto, pero sabía que no podía negarse a los designios de Dios. A él le correspondía la tarea de guiar a los israelitas hasta la Tierra Prometida.

# Moisés y el faraón

Éxodo 5:1-6:8

Moisés regresó a Egipto, se reunió con su hermano Aarón y juntos fueron a ver al faraón. Le dijeron que Dios quería que liberara a su pueblo de la esclavitud.

Pero el faraón no creía en Dios. Se enfadó con Moisés y Aarón y se negó a liberar a los israelitas. En vez de eso, se comportó con más crueldad con ellos.

—No deis a los israelitas más paja para hacer ladrillos —ordenó—. Que vayan a buscarla ellos mismos, pero tendrán que hacer tantos ladrillos como antes.

Moisés fue a contarle a Dios lo mal que lo estaba pasando su pueblo.

—Dile al faraón que haré que sucedan cosas terribles si no libera a mi pueblo —dijo Dios.

De nuevo, Moisés y Aarón hicieron de mensajeros. Pero el faraón no amaba a Dios y ni siquiera los escuchó. Así que Dios no tuvo más remedio que demostrarle qué sucedía cuando alguien le desobedecía.

# Las plagas
### Éxodo 7-10

Dios decidió enviar una serie de calamidades, o plagas, a Egipto.
Primero le pidió a Aarón que tocara el río Nilo con una vara.
Al hacerlo, el agua se convirtió en sangre. Todos los peces murieron
y los egipcios se quedaron sin agua para beber.

Después, el país fue invadido por ranas gigantes y, más tarde,
por grandes nubes de moscas y mosquitos. Solo Gosén, el lugar
donde vivían los israelitas, se libró de estas plagas. Más adelante
los animales de Egipto comenzaron a morir. Solo los de Gosén se
libraron de perecer. A pesar de todo ello, el faraón no permitió
que los israelitas salieran de Egipto.

Los habitantes y los animales de Egipto empezaron a padecer
dolorosos sarpullidos por todo el cuerpo. Esta vez no se libró ni el
faraón, y ni los mejores médicos del país pudieron curarlo.

Pero el faraón seguía negándose a dejar libres a los
israelitas. Por ello, Dios envió a los egipcios la granizada
más violenta que habían visto en su vida. Destruyó los
cultivos y dejó los árboles sin hojas. Fue tan intensa
que incluso acabó con los pocos animales que quedaban.

Dios le pidió a Moisés que tendiera su mano en
dirección a Egipto. Al hacerlo, una terrible racha de
viento azotó toda la zona, y con el viento llegó una
plaga de langostas. Aquellos voraces insectos
cubrieron toda la tierra y formaron una densa capa
negra. Devoraron hasta el último fruto que crecía
en Egipto. Cuando se marcharon, no quedaba
ni un solo brote.

Por último, Dios le pidió a Moisés que
alargara su mano en dirección al cielo.
Sumió a Egipto en la más absoluta oscuridad
durante tres días. Solo los israelitas
tenían luz en sus casas.

# La Pascua hebrea

Éxodo 11-12

Las plagas estuvieron a punto de destruir Egipto, pero aun así el faraón no estaba dispuesto a dar su brazo a torcer. Moisés le advirtió de que la peor plaga estaba por llegar, y de que iba a ser tan terrible que no le quedaría más remedio que ceder. Pero el faraón era un hombre muy orgulloso e insensato, y no le hizo caso.

Aquella noche Dios pidió a las familias israelitas que sacrificaran un cordero o una cabra y que señalaran el dintel de la puerta con su sangre. Después deberían asar la carne y comer pan sin levadura.

A medianoche, Dios envió un ángel de la muerte a Egipto. El primogénito de todas las familias egipcias murió, también el del faraón. Pero el ángel de la muerte pasó de largo frente a las casas señaladas con sangre, pues esa señal indicaba que estaban habitadas por israelitas. Aquella noche no murió ningún israelita.

Desde entonces, el pueblo de Israel celebra un ágape especial para recordar cómo Dios les salvó la vida.

# Los israelitas salen por fin de Egipto
### Éxodo 14:5-15:21

Tras la muerte de su primogénito, el faraón se sentía incapaz de soportar más calamidades. Mandó a buscar a Moisés y a Aarón, que fueron a verle al palacio.

—Llevaos a vuestro pueblo de una vez —dijo el faraón.

Los egipcios habían padecido todas aquellas plagas terribles y tenían ganas de perderles de vista. Pero cuando Moisés y su pueblo se hubieron ido, el faraón cambió de opinión. Si se quedaba sin esclavos, ¿quién haría el trabajo? Mandó a los soldados en busca de los israelitas con la esperanza de poder detenerlos antes de que fuera demasiado tarde.

Los soldados egipcios alcanzaron a los israelitas cuando estos se encontraban en el mar Rojo y quisieron tenderles una emboscada, pero entonces Moisés extendió los brazos para pedir la ayuda de Dios.

Mediante una gran ráfaga de viento, Dios separó las aguas del mar Rojo. Ante los israelitas se abrió una lengua de tierra seca por la que podían andar sin temor. Tomaron ese camino para escapar de los soldados, pero estos los siguieron. Sin embargo, cuando los carros egipcios pisaron aquel sendero abierto en pleno mar, unas enormes olas de agua engulleron a todos y cada uno de los soldados.

¡Por fin los israelitas eran libres! Bailaron y cantaron dando gracias a Dios por cumplir su promesa y librarles del yugo de los egipcios.

# Comida en el desierto
### Éxodo 16

Sin embargo, las celebraciones de los israelitas duraron poco.
Las quejas sobre la falta de comida no se hicieron esperar.

—Mejor habría sido morir en Egipto que morir de hambre
en el desierto —se lamentaban.

Dios escuchó sus quejas y les prometió que tendrían comida.

—Tendréis carne para cenar todas las noches y pan todos los días
excepto el sábado, mi día de descanso —les dijo.

Aquella misma noche llegó volando una gran bandada
de codornices al lugar donde habían acampado los israelitas.
Fue fácil cazarlas y representó carne en abundancia.

A la mañana siguiente, el suelo estaba cubierto por una especie
de escarcha blanca en forma de copo.

—Es un alimento especial que nos ha mandado Dios —dijo
Moisés—. Tomad cuanto necesitéis.

Desde entonces, aquella comida de sabor dulce les alimentó
cada mañana. Los israelitas lo llamaron "maná".

# Agua en el desierto

Éxodo 17:1-7

Pero los problemas de Moisés no acabaron ahí. El sol del desierto calentaba sin piedad y los israelitas cada vez tenían más sed. Había muy poca agua, así que volvieron a oírse muchas quejas. Algunos estaban tan enojados que empezaron a recolectar piedras para tirárselas a Moisés.

Moisés se sintió amenazado y volvió a suplicar la ayuda de Dios.

—Adelántate con los jefes del pueblo —dijo Dios— y cuando llegues a una roca en el monte Sinaí, golpéala con tu vara.

Moisés obedeció. Nada más golpear la roca, de la misma piedra comenzó a manar un espléndido torrente de agua cristalina. Era muy refrescante y todo el mundo pudo beber cuanto quiso.

De esta manera, Dios dio de comer y beber a su pueblo mientras caminaba por el desierto, en el viaje de regreso hacia la tierra de Canaán.

# Moisés y los israelitas
Éxodo 17:8-16

Aunque Dios les había proporcionado comida y agua en el desierto, los israelitas siguieron quejándose y peleándose. Pero pronto descubrirían que había cosas peores que el hambre y la sed, como los enemigos humanos que intentarían detener su avance hacia la Tierra Prometida.

Un día se toparon con los amalecitas, que les atacaron. Moisés ordenó a Josué, una persona de su confianza, que reuniera a los hombres más fuertes para luchar contra aquel pueblo enemigo.

Josué así lo hizo, y pronto se rodeó de los hombres más preparados para librar una batalla. Mientras tanto, Moisés agarró su vara bendecida por Dios y fue en su busca para que les ayudara una vez más.

Le acompañaron Aarón y Hur, sus dos líderes. Los tres se subieron a lo alto de una colina, desde donde tenían una visión privilegiada de la batalla.

Moisés levantó la vara de Dios en el aire y los israelitas empezaron a dominar en la batalla. Cuando se cansó y bajó el brazo, fueron perdiendo su superioridad.

Al comprobar el efecto de la vara, Aarón y Hur acercaron una roca a Moisés para que se sentara en ella. Una vez sentado, pudo levantar la vara una vez más.

Sin embargo, al cabo de un rato empezó a encorvar los brazos, producto de la fatiga. Aarón y Hur le levantaron las manos, uno por cada lado, para que sostuviera la vara en alto hasta el atardecer.

Gracias a la ayuda de Dios, los israelitas ganaron la batalla contra el ejército amalecita.

# Los Diez Mandamientos

Éxodo 20

Moisés y los israelitas acamparon a los pies del monte Sinaí.

—Os he traído hasta aquí para que seáis mi pueblo elegido —dijo Dios—. ¿Haréis todo lo que yo os pida? —añadió.

Los israelitas contestaron que sí.

Entonces Dios dijo que les haría saber sus diez normas. Eran las leyes de Dios, o sus "mandamientos". Estas normas mostrarían al pueblo de Israel cómo debían comportarse para servir a Dios. Les ayudarían a ir por buen camino y a tener una mejor conducta con sus semejantes.

Dos días más tarde, hubo truenos y relámpagos en lo alto del monte. Moisés y Aarón subieron a la cima. Al llegar arriba, Dios les entregó sus Diez Mandamientos.

Decían así:

*Amarás a Dios sobre todas las cosas.*
*No tomarás el nombre de Dios en vano.*
*Santificarás las fiestas.*
*Honrarás a tu padre y a tu madre.*
*No matarás.*
*No cometerás actos impuros.*
*No robarás.*
*No dirás falso testimonio*
*ni mentirás.*
*No consentirás*
*pensamientos ni*
*deseos impuros.*
*No codiciarás los bienes*
*ajenos.*

Cuando terminó de
hablar, Dios le dijo a
Moisés que le entregaría
estos mandamientos
grabados en dos tablas
de piedra. Si el pueblo
los cumplía, siempre
viviría en paz.

# El acuerdo de Dios

Éxodo 24-26

Dios había elegido a Moisés como mensajero, de manera que le enseñó cómo funcionaban las leyes para que él se lo explicara al pueblo. Moisés contó a la gente que Dios los amaba y que cuidaría de ellos siempre y cuando no le faltaran al respeto y cumplieran sus mandamientos.

El pueblo se puso muy contento y prometió obedecer a Dios.

Después, Dios pidió a Moisés que regresara a la cumbre para hablar de nuevo con él. Algunos de los líderes le acompañaron parte del trayecto. Rezaron todos juntos y Moisés terminó de ascender la montaña a solas.

Allí, estuvo mucho tiempo hablando con Dios.

La gente se arremolinó a los pies de la montaña a esperarle, pero a medida que pasaban las horas se fueron impacientando cada vez más.

Así que fueron a buscar a Aarón, el hermano de Moisés.

—¿Dónde está Moisés? —le preguntaron—. Está tardando demasiado.

# El becerro de oro

Éxodo 32:1-26; 34:1-4; 35

El pueblo le dijo a Aarón:

—Moisés se ha olvidado de nosotros, y Dios también. Encuentra a otro Dios que nos guíe.

Aarón reunió todo el oro del pueblo, sus joyas y ornamentos. Entonces lo fundió y construyó la estatua de un becerro.

El pueblo empezó a idolatrar aquella figura de oro. Bailaron a su alrededor y cantaron alabanzas. Después celebraron una gran fiesta y bebieron sin parar.

En lo alto de la montaña, Dios le dijo a Moisés:

—Ahora debes regresar con tu pueblo. Ha roto sus promesas e idolatra a otro dios.

Al ver lo pronto que la gente había olvidado sus promesas, Dios y Moisés se enfadaron mucho.

Moisés tiró al suelo las tablas de los mandamientos, que se partieron en mil pedazos. Entonces bajó el becerro de oro del pedestal y lo mandó triturar hasta reducirlo a polvo. Por último, mezcló el polvo de oro con agua y se lo dio a beber a los israelitas.

Moisés le preguntó a Aarón por qué había permitido que el pueblo adorara una estatua de oro. Él no supo qué responder.

Moisés estaba muy enfadado, pero aun así seguía amando a su pueblo. Regresó a la montaña para hablar con Dios, y allí le rezó para que les perdonara. Dios lo escuchó, construyó dos nuevas tablas y volvió a grabar los Diez Mandamientos en ellas. Una vez más, el pueblo prometió obedecerle.

# El arca y la tienda

Números 7:1-12

Para demostrarles que siempre iba a estar cerca de ellos, Dios mandó construir una tienda especial en cuyo interior habría un arca de madera recubierta de oro. En esta caja guardarían las tablas de piedra.

Todo el mundo aportó con ilusión todo lo necesario para levantar la tienda o tabernáculo, incluso sus bienes más preciados. Los artesanos más hábiles trabajaron en el encargo de Dios. El arca, que estaba forrada de telas de colores, quedó preciosa.

Alrededor de la tienda había un patio donde la gente ofrendaba corderos, terneros o cabritos para pedir perdón a Dios por las cosas que habían hecho mal.

Dios quería que su pueblo recordara que Él los amaba, aunque no fueran perfectos. Estas ofrendas a Dios eran una forma de pedir perdón y dar las gracias.

# Moisés ve la gloria de Dios

Éxodo 33:18-23

Moisés regresó a la montaña y le preguntó a Dios si le dejaría
ver su rostro.

—Nadie puede ver mi rostro y seguir vivo —le contestó Dios—.
Pero podemos hacer una cosa. Escóndete detrás del hueco de aquella
roca y yo pasaré por delante de ella. Para protegerte de la visión
cubriré el hueco con mi mano. Pero cuando haya pasado, retiraré
la mano del hueco y podrás verme de espaldas. De este modo
verás la gloria de Dios, pero no directamente. Podrás soportar
el resplandor y no morirás.

Moisés hizo lo que Dios le pidió y
se quedó tras el hueco de la roca
hasta que Dios hubo pasado
por delante. Cuando retiró su
mano protectora, Moisés
pudo ver la gloria de
Dios, pero no su rostro.
Al cabo de un rato,
cuando volvió a bajar
de la montaña,
el rostro de Moisés
estaba radiante.

# La serpiente de bronce

Números 21:4-9

Moisés y los israelitas siguieron su camino a través del desierto. Tenían la sensación de haber deambulado desorientados mucho tiempo, y eso hizo que los israelitas volvieran a perder los estribos. Se acordaban de Egipto, pero solo de las cosas buenas como el calor del hogar y la comida, no del trabajo de sol a sol y la esclavitud. Se quejaban de Moisés y de Dios.

Un día, llegaron a un lugar infestado de serpientes venenosas. Muchos israelitas murieron como consecuencia de su picadura mortal.

Entonces le dijeron a Moisés:

—Nos arrepentimos de habernos quejado de Dios. Sabemos que no hemos obrado bien, pero pídele que nos ayude, por favor.

Dios le pidió a Moisés que construyera una serpiente de bronce y la clavara en una vara, y le dijo:

—Si quien reciba la picadura mortal de una serpiente mira la serpiente de bronce, vivirá.

Moisés hizo lo que Dios le pidió y nadie más murió por una picadura de serpiente.

# La burra de Balán

Números 22

Cuando los israelitas acamparon en las llanuras de Moab, cerca del río Jordán, Balac, el rey de Moab, se mostró preocupado. Había oído hablar de las victorias de aquel pueblo.

—Id a buscar al sabio Balán —ordenó a sus criados—. Decidle que castigue a los israelitas con una maldición. Esto les detendrá.

Cuando los criados llegaron, Balán escuchó la petición del rey.

—Veremos qué puedo hacer —les dijo.

Aquella noche Dios habló con Balán.

—Los israelitas tienen mi bendición —anunció—. No podrás maldecirlos jamás. Si quieres ve a ver a Balac, pero haz lo que te he dicho.

Al día siguiente, Balán ensilló su burra y partió en dirección al palacio.

La burra trotaba alegremente por la carretera, hasta que de repente se detuvo.

—¡Vamos, estúpida! —gritó Balán azotando al pobre animal—. Tenemos trabajo.

84

Pero la burra no se movía.

Balán estaba furioso. Levantó la vara para darle una buena tunda cuando, por la gracia de Dios, la mula habló.

—¿Por qué me azotas? —rebuznó—. ¿Acaso te he desobedecido alguna vez?

Entonces Balán se dio cuenta de lo que la burra había visto antes que él: en medio de la carretera había un ángel.

—Dile a Balac que no puedes maldecir a los israelitas porque Dios los ha bendecido —ordenó el ángel.

Y estas fueron las únicas palabras que Balán pudo articular al llegar al palacio. La bendición de Dios había protegido a los israelitas.

# Dios convoca a Josué

Deuteronomio 34; Josué 1

El pueblo de Israel vivió cuarenta años en el desierto. Moisés envejeció y murió. Al morir tenía 120 años, pero aún estaba fuerte. Los israelitas sintieron mucho la pérdida de su guía, y Dios eligió a Josué para que lo sustituyera.

A Josué no le gustó esta elección, y Dios tuvo que animarle prometiéndole que siempre estaría con él. Le dijo:

—Tú y tu pueblo debéis prepararos para cruzar el río Jordán y llegar a la Tierra Prometida. No tengáis miedo porque yo os acompañaré en todo momento.

De modo que Josué ordenó a sus oficiales que fueran al campamento y pidieran al pueblo que recogieran sus pertenencias y provisiones.

Más tarde, les dijo:

—Dentro de tres días cruzaremos el Jordán y entraremos en la tierra que Dios nos ha concedido.

# Los espías de Jericó

Josué 2

Desde el campamento, situado en
la otra orilla del río Jordán, Josué
envió a dos espías a la ciudad
amurallada de Jericó.

En una casa, junto a las
murallas, vivía una mujer
llamada Rahab que escondió
a los dos hombres. Pero
el rey de Jericó se enteró
de que había dos espías y
ordenó a sus soldados que
los capturaran.

Rahab sabía que Dios pretendía
conceder Canaán a los israelitas. Entonces ocultó a los espías
en el tejado. Al preguntarle los soldados, dijo que se habían ido.

—Estamos todos muy asustados —confesó Rahab a los espías—.
Prometedme que cuidaréis de mi familia y que no nos haréis daño
cuando toméis la ciudad.

—Te damos nuestra palabra si tú también prometes no decirle
a nadie que hemos estado aquí —dijeron los hombres—. Cuando
ataquemos, deja caer un cordel rojo por la ventana para que
podamos reconocer tu casa. Así estaréis a salvo.

Y Rahab lo prometió. Después los dos hombres regresaron
para contarle a Josué lo que habían averiguado.

# Cruzando el Jordán

Josué 3; 4:1-10

Poco después, los israelitas lo tenían todo a punto para cruzar el Jordán y conquistar Jericó. Pero el caudal del río era abundante y resultaba muy peligroso aventurarse en sus aguas. Aun así, los sacerdotes siguieron adelante portando el Arca que contenía las leyes de Dios.

Al poner el pie en el río, las orillas de la parte alta se cerraron de golpe y el agua quedó embalsada. De ese modo los israelitas pudieron cruzar el río sin problemas.

Entonces, recogieron doce piedras del lecho del río y las apilaron en la orilla, como signo de agradecimiento a Dios por haberlos ayudado a llegar a Canaán. Después, las aguas volvieron a fluir otra vez.

Los israelitas acamparon junto a las murallas de Jericó y celebraron la Pascua.

# Josué conquista Jericó

Josué 6

Las murallas de Jericó eran altas y gruesas. Unos portones inmensos impedían que nadie entrara o saliera de ella, y los soldados vigilaban noche y día desde lo alto de las torres. ¿Cómo iban a conquistar los israelitas un fortín como aquel?

Dios le explicó a Josué exactamente lo que tenía que hacer.

—Durante seis días deberéis caminar alrededor de las murallas de la ciudad. Encabezad la procesión con el Arca y siete sacerdotes que toquen el clarín. Los demás tendrán que quedarse en silencio. —Y tras una pausa siguió diciendo—: Al séptimo día, dad siete vueltas a la ciudad. Entonces los sacerdotes harán sonar una larga nota con sus clarines y todo el pueblo gritará: "¡Las murallas de Jericó caerán y la ciudad será nuestra!".

Josué reunió al pueblo y les contó lo que Dios le había pedido.

—Recordad que no debéis lanzar gritos de guerra, alzar la voz ni decir una sola palabra hasta que yo os lo diga. Aquel día, deberéis gritar con todas vuestras fuerzas.

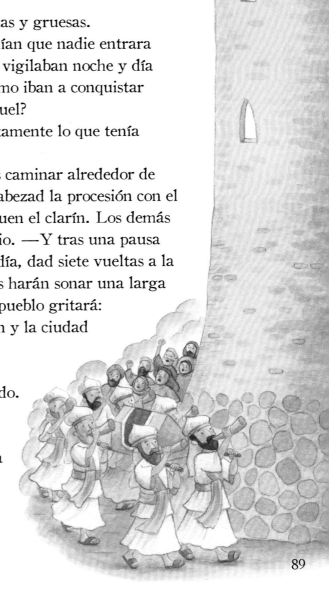

Los israelitas obedecieron. Durante seis días caminaron alrededor de las murallas de Jericó, tal y como Dios les había pedido. Por la noche, regresaban al campamento.

Al séptimo día, al alba, los israelitas volvieron a Jericó. Rodearon la ciudad una y otra vez, hasta completar siete vueltas enteras. Y siguieron en procesión, tal como les habían pedido.

Al terminar la séptima ronda, los sacerdotes hicieron sonar una nota larga con sus clarines. Josué dio la orden para que todo el mundo gritara.

Cuando los israelitas chillaron a voz en grito, las murallas de Jericó se derrumbaron de golpe y el pueblo de Israel tomó la ciudad. Solo Rahab y su familia se salvaron de la muerte.

La ciudad fue incendiada y destruida por completo. Esta fue la primera de las victorias de Josué en Canaán.

# El día en que el Sol se detuvo

Josué 10:1-14

Josué y los israelitas libraron muchas otras batallas victoriosas en Canaán, y se convirtieron en el terror de los reyes de la región. Cinco de ellos, reyes amonitas de las colinas, unieron sus fuerzas para derrotar al ejército enemigo.

El número de hombres de Canaán superaba con creces al de Israel. Pero entonces Dios le dijo a Josué:

—No tengáis miedo. Yo cuidaré de vosotros. Nadie podrá derrotaros.

Dios confundió a los ejércitos cananeos y muchos soldados escaparon. Mientras huían, les envió una terrible granizada que causó más víctimas que las que había originado el ejército israelita.

Josué le pidió al Sol que se quedara bien alto hasta que terminara la batalla. Dios lo oyó e hizo que el Sol se detuviera todo un día para que los israelitas pudieran derrotar a los ejércitos de Canaán.

# Otoniel y Aod

Jueces 2:16-3:20

Al morir Josué, el pueblo de Israel olvidó todo lo que Dios había hecho por él y comenzó a adorar estatuas de falsos dioses, como hacían las otras tribus. Poco después las cosas empezaron a torcerse.

Los cananeos se sublevaron contra los israelitas y les hicieron pagar cuantiosos impuestos. Fueron tiempos difíciles para el pueblo de Israel, que entonces se acordó de Dios y le suplicó su ayuda. Y como Dios amaba a su pueblo, respondió a sus plegarias. Les envió unos jueces para que ejercieran de líderes y guías y liberaran Israel.

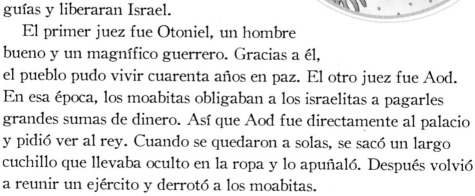

El primer juez fue Otoniel, un hombre bueno y un magnífico guerrero. Gracias a él, el pueblo pudo vivir cuarenta años en paz. El otro juez fue Aod. En esa época, los moabitas obligaban a los israelitas a pagarles grandes sumas de dinero. Así que Aod fue directamente al palacio y pidió ver al rey. Cuando se quedaron a solas, se sacó un largo cuchillo que llevaba oculto en la ropa y lo apuñaló. Después volvió a reunir un ejército y derrotó a los moabitas.

# Débora

### Jueces 4-5

Tras la muerte de Aod, los israelitas volvieron a olvidarse de Dios.
Los cananeos no tardaron en aprovechar la ocasión de atacarlos de
nuevo y complicarles la vida. En esta ocasión, Dios mandó a Débora,
una jueza muy sabia que escuchaba la palabra divina. Débora pidió a
un general llamado Barak que reuniera un gran ejército de hombres
de todas las tribus de Israel y que se dirigieran al monte Tabor.

—Desde allí podréis derrotar al enemigo —le dijo. Barak estaba
aterrorizado por el poder del ejército cananeo, pero aceptó con la
condición de que Débora lo acompañara.

—Debes convencer a los hombres de las otras tribus para que se
unan a mí —le dijo.

Y Débora así lo hizo. Contra
todo pronóstico, los israelitas
se alzaron con una
gran victoria.

# Un ángel visita a Gedeón

Jueces 6:1-24

Una vez más, el pueblo de Israel volvía a estar amenazado.
Esta vez el enemigo eran los madianitas, una tribu de bandidos.
Cuando llegó la hora de la cosecha, los madianitas se juntaron y se
apoderaron de los animales y los cultivos, matando a cualquiera que
se les pusiera por delante.

—¿Qué vamos a hacer este invierno? —dijeron los supervivientes
cuando los bandidos se fueron—. ¡Se lo han llevado todo!

Ante su incierto futuro, los israelitas reclamaron la ayuda
de Dios. Y Dios escuchó sus plegarias. Envió un ángel para que
visitara a Gedeón. Gedeón era un hombre modesto, así que se
sorprendió mucho cuando el ángel le dijo que él era el elegido
por Dios para salvar al pueblo de Israel.

# El ejército de Gedeón

Jueces 7:1-11

Cuando Gedeón pudo reunir un ejército, acampó en una colina cercana al campamento madianita.

"¡Somos muy pocos en comparación con el enemigo!", pensó preocupado mientras observaba las hordas madianitas desde lo alto.

—No te preocupes —le dijo Dios—. En realidad tu ejército es demasiado grande. Diles a los hombres que tengan miedo que regresen a sus casas.

"Tiene sentido", pensó Gedeón. "Un soldado asustado no sirve de nada en el campo de batalla".

Y dejó marchar a todos aquellos que tenían miedo.

—Tu ejército sigue siendo demasiado grande —insistió Dios al ver los hombres que se habían quedado—. Diles que vayan a beber al río. Aquellos que beban directamente con la boca en lugar de hacerlo con las manos, que regresen a casa.

Gedeón volvió a hacer lo que Dios le pidió. Al final, tan solo quedaron 300 hombres.

—Te daré la victoria con este ejército —prometió Dios.

Gedeón temía la hora de enfrentarse a los madianitas con tan pocos hombres, pero confiaba en Dios.

—Estamos listos, Señor —dijo.

# Gedeón derrota a los madianitas

Jueces 7:12-23

Aquella noche, Gedeón entregó a cada uno de sus hombres un clarín y un jarrón de cerámica con una llama encendida.

—Esta noche atacaremos al enemigo —anunció—. A mi señal, haced sonar el clarín y romped el jarrón. Quiero que arméis todo el ruido que podáis. —Y así lo hicieron. Mientras los madianitas dormían plácidamente, Gedeón y su ejército entraron en Madián.

—¡AHORA! —ordenó Gedeón, y la noche se llenó de un gran estallido de luz y un terrible estruendo. Los madianitas se sentían tan asustados y confusos que incluso pelearon entre ellos.

—¡Una espada para el Señor y para Gedeón! —gritaron los israelitas cuando el enemigo huyó. Así fue como, con la ayuda de Dios, Gedeón y sus 300 hombres obtuvieron una gran victoria.

# La tristeza de Noemí

## Rut 1

Hubo un tiempo en que Israel padeció una terrible hambruna.
La gente estaba cada vez más famélica, entre ellos un hombre llamado
Elimelech, que vivía en Belén con su esposa Noemí y sus dos hijos.

—Tendremos que trasladarnos a Moab hasta que la situación
mejore —dijo un día a su familia.

Así que hicieron el equipaje y se pusieron en camino. Elimelech
murió mientras vivieron en Moab, pero sus hijos se hicieron mayores
allí y se casaron con dos moabitas, Orpa y Rut. Unos años después,
ambos hermanos murieron también.

Noemí estaba muy triste.

—Ha llegado el momento de que regrese a casa —dijo.

Orpa y Rut decidieron acompañarla, pero al llegar a la frontera
Noemí les dijo:

—Volved a casa. Vosotras pertenecéis a vuestro pueblo.

Orpa accedió de mala gana, pero Rut se negó.

—Voy contigo —le dijo a Noemí—. A partir de ahora tu pueblo
será mi pueblo y tu Dios será mi Dios.

# Rut conoce a Booz

Rut 2

Noemí y Rut continuaron juntas el viaje. La compañía de la joven reconfortaba a la anciana, que intentaba ocultar su preocupación. ¿Cómo iban a sobrevivir? ¿Qué iban a comer?

Cuando por fin llegaron a Belén, Noemí y Rut estaban cansadas y muertas de hambre. Por suerte, era la época de la cosecha, y Rut tuvo una idea.

—Voy a dar una vuelta por los trigales —le dijo a Noemí—. Puedo recoger los granos que hayan caído de las espigas. Tardaré un buen rato, pero seguro que consigo una cantidad suficiente para poder alimentarnos.

Y así lo hizo, concretamente en una parcela que pertenecía a un hombre llamado Booz.

# Booz se casa con Rut

Rut 3, 4

Booz era pariente de Noemí,
y cuando supo quién era Rut
quiso ayudarla enseguida.

—Puedes venir a mis trigales
siempre que quieras —le dijo.

Rut corrió a contarle a
Noemí lo sucedido.

—Booz ha sido muy
amable —le dijo a la
anciana—. Incluso me ha
dejado recoger unas espigas.

Noemí estaba encantada.

—¡Dios te ha guiado hasta
ese trigal, hija mía! —exclamó.

Noemí quería que Rut encontrase
un marido, un hombre bueno que cuidara
de las dos. Y sabía que Booz era un buen hombre.
Por aquel entonces, en Israel, cuando un hombre moría, el pariente
más cercano se ocupaba de su familia. Noemí confiaba en que
Booz reclamara aquel derecho, así que mandó a Rut para que
hablara con él.

Booz se mostró encantado con la propuesta. Sabía que Rut era
una muchacha muy trabajadora y admiraba lo bien que trataba
a Noemí.

—Toma este saco de trigo en señal de respeto —le dijo—. Me encantaría casarme contigo, pero en la ciudad hay otro hombre que es pariente más próximo de Noemí. Primero deberemos ir a preguntarle si le importa que nos casemos.

Booz se fue a verlo enseguida.

—Yo ya tengo esposa e hijos —le dijo el pariente—. Cásate con Rut, os doy mi bendición.

Así que Booz y Rut se convirtieron en marido y mujer. Noemí estaba muy feliz, sobre todo cuando Rut tuvo su primer hijo. Por entonces nadie sabía que Rut, que había confiado en Dios y había ayudado a su suegra, se convertiría en la bisabuela del rey más importante de Israel: el rey David.

# El nacimiento de Samuel

## 1 Samuel 1:1-20

Elcaná, que vivía cerca de Jerusalén, tenía dos esposas. Una de ellas tenía dos hijos, pero la otra, Ana, ninguno. Ana deseaba ser madre y esperó pacientemente que Dios la bendijera con un hijo, pero un día no pudo más y acudió al Templo. Allí, se arrodilló y se desahogó ante Dios.

—Por favor, no te olvides de mí —sollozó—. Si me das un hijo te prometo que estará toda su vida a tu servicio.

Ana no se dio cuenta de que un sacerdote llamado Eli la observaba.

—¿Qué te pasa, hija? —le preguntó—. ¿Estás enferma?

—No, padre —le contestó Ana—. Estoy triste porque no puedo tener hijos.

Al oírlo, Eli se apiadó de ella.

—Quizá Dios pueda darte este hijo que tanto anhelas —le dijo amablemente.

Pasado un tiempo, Dios respondió a las plegarias de Ana y le concedió un hijo.

—Le llamaremos Samuel —le dijo ella a su marido—, que significa "Dios escucha".

# La dedicación de Samuel

1 Samuel 1:21-28

Cuando Samuel creció, Ana mantuvo la promesa
que le hizo a Dios y llevó a su hijo a ver al
sacerdote Eli.

—Este es el hijo que Dios me dio —le dijo—.
Ahora vengo a devolvérselo. Solo os pido que
cuidéis bien de él.

Desde aquel día Samuel vivió en el Templo,
donde sirvió a Dios, ayudó a Eli y aprendió todo
lo necesario para convertirse en sacerdote.

Dios le dio más hijos a Ana, pero ella nunca
dejó de amar y extrañar a su primogénito, Samuel.
No dejaba de pensar en él ni un solo momento.
Cada año le hacía ropa y se la llevaba al
Templo. Y cada vez que visitaba a su
hijo, comprobaba que había crecido
no solo en altura sino también en
sabiduría. ¡Estaba muy orgullosa
de él! Sabía que Dios había
elegido especialmente a
Samuel para convertirlo
en su servidor.

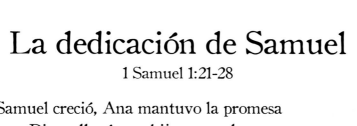

# La llamada de Samuel

1 Samuel 3

El sacerdote Eli tenía dos hijos que también servían en el Templo, pero ninguno de los dos demostraba tanto respeto por Dios como Samuel, y a menudo se comportaban mal. Por fortuna, Eli podía confiar en Samuel.

Una noche, Samuel, siendo aún un niño, dormía en su habitación, en el Templo, cuando oyó que alguien lo llamaba.

"Debe de ser Eli", pensó él, saltando de la cama.

Eli se sorprendió al verlo en su habitación.

—Pero si yo no te he llamado —le dijo—. Vuelve a la cama.

Samuel obedeció y cerró los ojos. Cuando estaba durmiéndose, volvió a oír aquella voz.

—¡Samuel! —decía.

De nuevo, saltó de la cama y fue a ver si Eli lo necesitaba. Pero una vez más el sacerdote negó haberlo llamado.

—Yo no te he llamado —le dijo—. Debes estar soñando.

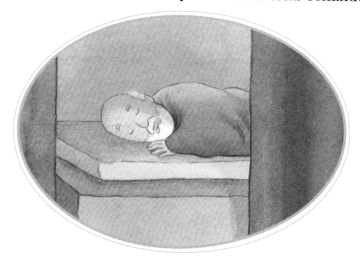

Samuel regresó a su cama otra vez e intentó conciliar el sueño, pero aquella voz volvió a llamarlo. Estaba muy seguro de que no soñaba, así que fue a la habitación de Eli otra vez.

Entonces el sacerdote se dio cuenta de que sucedía algo importante.

—Creo que es Dios quien te llama —le dijo—. Vuelve a la cama, pero si te llama de nuevo, dile que estás preparado para escucharlo. Seguramente tiene que darte algún mensaje.

Samuel volvió a la cama y la voz volvió a decir su nombre.

—Te escucho, Señor —gritó el muchacho.

Dios le dijo que estaba muy enfadado con los hijos de Eli.

—No quiero que sirvan más en el Templo —anunció—. No están hechos para ser sacerdotes.

A la mañana siguiente, Samuel tenía miedo de decirle a Eli lo que Dios le había dicho. Pero el anciano le pidió que fuera valiente y le contara la verdad. De modo que repitió el mensaje de Dios.

—Has hecho bien en contármelo —dijo Eli—. Dios sabe lo que es mejor para cada uno de nosotros, aunque a veces no nos guste oírlo.

# El nacimiento de Sansón

Jueces 13

Pasó mucho tiempo, y una vez más los israelitas olvidaron a Dios y volvieron a las andadas, adorando a otros dioses. Dios estaba furioso al ver que no pensaban en Él. Como escarmiento dejó que los filisteos gobernaran el pueblo de Israel durante cuarenta años. Fueron tiempos difíciles.

Un israelita llamado Manué y su mujer anhelaban que Dios les enviara un nuevo líder, y aún más que les diera un hijo. Un día Dios envió un ángel a Manué. El ángel le dijo que él y su mujer iban a tener un hijo que protegería a los israelitas de sus enemigos. Cuando el niño nació le llamaron Sansón. Como señal de que pertenecía a Dios, sus padres nunca le cortaron el pelo.

Con los años Sansón se convirtió en un joven fuerte, con una larga cabellera negra. Tan fuerte era que una vez mató un león con sus propias manos.

# Sansón y Dalila

Jueces 16:4-22

Desde entonces Sansón supo que Dios le había dado una fuerza especial para enfrentarse a los filisteos. Y a lo largo de los años eso fue lo que hizo: los atacó, incendió sus cosechas y en una ocasión mató a mil hombres con una mandíbula de asno por arma. Cuando los filisteos intentaban capturarlo, él siempre conseguía escapar. Pero ellos no pensaban tirar la toalla hasta poder vengarse de él.

Su oportunidad llegó cuando Sansón se enamoró de una bella filistea llamada Dalila. Al enterarse, los cinco reyes filisteos ofrecieron a la joven un montón de dinero si averiguaba cuál era el secreto de la fuerza de Sansón. Dalila aceptó.

—¿A qué se debe tu fuerza? —le preguntó—. ¿Qué pasaría si te ataran?

—Si me ataran con cuerdas de arco nuevas, sería tan débil como cualquier otro —dijo sonriendo.

Sin embargo, otras veces respondía:

—Podrían atarme con una cuerda nueva, o quizá tejer mi cabellera en un telar...

Cada vez que Dalila le preguntaba, Sansón le daba una respuesta diferente.

Dalila probó todo lo que él le dijo, pero Sansón nunca
se debilitaba.

Ella le suplicaba que le dijera la verdad.

—Si realmente me quisieras, me dirías la verdad —se quejaba.

Sansón estaba enamorado de Dalila, así que por fin se lo dijo:

—Mi cabello es la señal de que pertenezco a Dios. Si me lo
cortaran, perdería la fuerza.

Aquella misma noche, mientras Sansón dormía, Dalila llamó
a un hombre para que le cortara el pelo. Sansón perdió la fuerza
de inmediato. Al poco rato, llegaron varios soldados filisteos y lo
hicieron prisionero.

Le dejaron ciego, le pusieron unos grilletes y lo llevaron a una
cárcel de Gaza, donde trabajó de sol a sol. Pero poco a poco el pelo
de Sansón fue creciendo de nuevo.

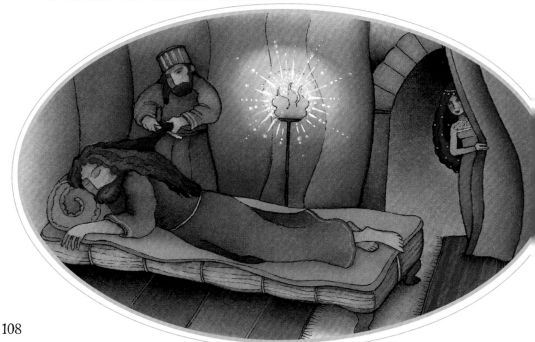

# Sansón destruye el templo de los filisteos
Jueces 16:23-30

Un día los filisteos celebraron una gran fiesta en honor de su dios, Dagón. Sacaron a Sansón de su celda y lo llevaron al templo filisteo. El sitio estaba lleno de gente y todos se burlaban y se reían de él. Sansón rezó a Dios para que le devolviera la fuerza.

Estiró los brazos y empujó con todas sus fuerzas dos de las columnas que sostenían el edificio. El templo se derrumbó y murieron todos los que estaban dentro.

Sansón había sido jefe de su pueblo durante veinte años. La destrucción del templo de los filisteos fue su victoria final contra los enemigos de Israel.

# La pérdida y la recuperación del Arca

1 Samuel 4, 5, 6

Los israelitas volvían a estar en guerra con los filisteos. Pero esta vez serían el bando perdedor. Un día decidieron ir al campo de batalla con el Arca, que contenía los mandamientos de Dios, porque pensaban que los protegería de los filisteos.

Los dos hijos de Eli, el anciano sacerdote, llevaron el Arca a primera línea de fuego.

Pero entonces sucedió algo terrible. Los filisteos ganaron la batalla y se adueñaron del Arca. Se la llevaron a su ciudad, Ashdod, y la expusieron en el templo de Dagón, el falso dios que idolatraban.

A la mañana siguiente, cuando los sacerdotes de Dagón entraron en el templo, vieron que la estatua de su dios yacía en el suelo, boca abajo, delante del Arca. Se asustaron mucho.

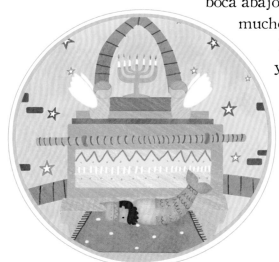

Los sacerdotes la levantaron y la devolvieron a su pedestal. Pero al día siguiente volvieron a encontrarla tirada delante del Arca, con la diferencia de que esta vez se había roto en mil pedazos.

Tras este episodio, el pueblo de Ashdod padeció terribles enfermedades.

Los filisteos decidieron trasladar el Arca a otra ciudad. Pero allí también enfermó toda la población, y lo mismo sucedió cuando se la llevaron a otro lugar.

Los filisteos decidieron que ya habían tenido bastante. Convocaron a los sacerdotes y a los sabios y les preguntaron qué podían hacer.

—Devolved el Arca a los israelitas —aconsejaron los sabios—. Y también haríais bien en mandar una ofrenda para su Dios.

Obedientes, los filisteos mandaron el Arca y sus ofrendas a un pueblo llamado Beth Shemesh, donde había vivido Josué. La gente de aquel lugar colocó el Arca encima de una gran roca, en medio de un campo que había pertenecido a Josué, y todo el pueblo de Israel celebró la recuperación de aquel bien tan preciado.

# Israel le pide un rey a Dios

1 Samuel 8

Samuel era un rey bueno y justo. Amaba a Dios y el modo de vida sencillo y honesto de su pueblo. Sin embargo, sus dos hijos no eran como él. Solo les interesaba el dinero. Por eso los israelitas no querían que ninguno de los dos fuera su líder cuando muriera su padre.

—Queremos un rey —pedía el pueblo.

A Samuel le preocupaba y entristecía aquella situación. Dios era el único líder auténtico. No sabía qué hacer, y se puso a rezar.

Dios le dijo a Samuel que le explicara al pueblo cómo eran los reyes en realidad.

—Un rey obligará a vuestros hijos a luchar en sus ejércitos —les contó Samuel—. Os obligará a trabajar la tierra para él y siempre se llevará la mejor cosecha. Seréis sus esclavos.

Pero la gente no quería escuchar.

—Queremos un rey —insistían.

Cuando Samuel le dijo a Dios que sus palabras no habían cambiado la opinión de los israelitas, Dios replicó:

—Si eso es lo que quieren, dales un rey.

# Saúl conoce a Samuel

## 1 Samuel 9

Saúl era un joven muy apuesto cuyo padre tenía varias mulas. Un día, los animales se escaparon. Él y su joven criado fueron a buscarlas a las colinas.

Recorrieron un largo camino, pero no había ni rastro de las mulas. Entonces empezó a anochecer.

—Volvamos a casa —dijo Saúl—. De lo contrario mi padre dejará de preocuparse por las mulas y empezará a preocuparse por nosotros.

Pero el criado dijo:

—He oído que hay un profeta, un sabio de Dios, en una ciudad cercana. ¿Por qué no vamos a preguntarle si puede ayudarnos?

Cuando se dirigían hacia allí, el profeta Samuel se acercó a ellos.

A Samuel no le sorprendió ver a Saúl, pues Dios ya le había comunicado el día y el lugar exactos en que conocería al hombre que había elegido para convertirse en rey de Israel.

Samuel invitó a Saúl y a su criado a su casa y les agasajó con una copiosa cena.

# Samuel unge a Saúl

1 Samuel 10

Al amanecer del día siguiente, Saúl y su criado salieron de casa de Samuel, que hizo parte del camino con ellos.

—Ya han aparecido las mulas —le dijo Samuel a Saúl—. Tu padre ya no está preocupado por las mulas, sino por vosotros.

Cuando estuvieron lejos de la ciudad, Samuel le dijo al criado que se adelantara. Entonces le dijo a Saúl que Dios lo había elegido para que fuera el primer rey de Israel.

Saúl no podía creerlo, pero Samuel le pidió que confiara en Dios.

Saúl se arrodilló y Samuel vertió aceite sobre su cabeza en señal de que era el elegido de Dios para ser rey.

# Los errores de Saúl

1 Samuel 13:1-14; 14:24-46

Al principio Saúl era un buen rey, pero pronto se convirtió en un hombre orgulloso. Cada día pensaba menos en Dios y más en él mismo. Cuando ganaba una batalla se atribuía todo el mérito, nunca pensaba en que Dios estaba detrás y lo ayudaba.

Hacía lo que quería él, no lo que quería Dios. Desobedecía a Dios y no hacía caso a Samuel.

Libró muchas batallas contra los filisteos y los demás enemigos de Israel.

Era tan testarudo que en mitad de una batalla decidió que sus soldados no comerían nada hasta que ganaran la contienda. Mandó una orden diciendo que si alguien probaba bocado, moriría. Pero no todo el mundo se enteró de la amenaza.

Jonatán, el hijo de Saúl, lideraba un grupo de soldados en el campo de batalla. Todos estaban muy hambrientos, ya que no habían probado bocado en todo el día. Entonces Jonatán vio un panal lleno de miel. La sacó con una ramita y se la comió. Los hombres que estaban con él lo miraron horrorizados.

—¿No has oído la orden del rey? —le preguntaron—. Si alguien come antes de ganar la batalla, morirá.

Saúl era tan orgulloso que decidió mantener su palabra y ordenó matar a su hijo. Pero el pueblo amaba a Jonatán y se rebeló contra el rey. Le habían salvado la vida.

Sin embargo, Saúl siguió siendo un hombre orgulloso y más bien malhumorado. Nunca tenía tiempo para atender a Dios y se negaba a escuchar lo que Samuel tenía que decirle.

# Saúl es rechazado como rey

## 1 Samuel 15

Saúl siguió librando batallas contra los enemigos de Israel.
Y cuando las ganaba no obedecía a Dios, lo único que quería
era quedarse con todo lo que podía.

A Dios le entristecía tanto ver cómo el rey que había elegido
se comportaba de ese modo, que decidió retirarle aquel privilegio.
Le dijo a Samuel que Saúl dejaría de gobernar el pueblo de Israel
y le pidió que buscara otro rey.

Samuel rezó toda la noche para pedir consejo a Dios. Este le dijo
que fuera a Belén; allí encontraría al hombre que Él había elegido
como futuro rey de Israel.

# David es elegido nuevo rey

1 Samuel 16:1-13

Dios le pidió a Samuel que fuera a visitar a un hombre llamado Isaí, que vivía en Belén. Había elegido a uno de sus hijos como futuro rey.

Al llegar a casa de Isaí, todos los hijos compartieron la comida con él. Samuel habló con cada uno por separado y siempre pensaba:

"Qué apuesto, seguro que este es el elegido".

Pero todas las veces Dios le decía:

—No. Lo más importante de una persona no es su aspecto físico, sino su interior.

Uno a uno, Dios rechazó a
los siete jóvenes en presencia
de Samuel, que no daba
crédito. Preguntó a Isaí
si tenía algún hijo más.

—Sí —respondió
él—. David, el más
pequeño. Está en
el campo, cuidando
las ovejas.

Entonces
Samuel le pidió
que fuera a
buscarlo. Cuando
llegó David, Dios
le dijo a Samuel:

—Este es
el elegido.

Samuel
vertió aceite en
su cabeza en señal de que era el elegido de Dios para ser rey.

Cuando Samuel se fue, David siguió cuidando las ovejas de su
padre. Los animales salvajes solían atacar a los rebaños, de forma
que el muchacho aprendió a manejar la honda para mantener
alejados a los osos y leones hambrientos.

Dios amaba a David y estaba con él en todo momento.

# David toca para Saúl

1 Samuel 16:14-23

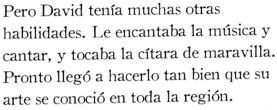

Pero David tenía muchas otras habilidades. Le encantaba la música y cantar, y tocaba la cítara de maravilla. Pronto llegó a hacerlo tan bien que su arte se conoció en toda la región.

Mientras tanto, Saúl se fue distanciando cada vez más de Dios. Tenía un humor terrible, y siempre estaba atormentado por un espíritu maligno. Y para empeorar las cosas, Samuel dejó de visitarlo en el palacio.

Uno de los sirvientes de Saúl sugirió que el sonido de la cítara de David podría tranquilizar al rey. Mandaron a David para que tocara ante el monarca, y, efectivamente, la música hizo que se sintiera mejor. David pensó que, una vez que el rey estuviera recuperado, podría volver a casa.

Pero entonces llegaron noticias preocupantes: la batalla con los filisteos no iba nada bien. El enemigo contaba con un guerrero muy poderoso llamado Goliat, el cual medía casi tres metros de alto y era más fuerte que un buey.

# David vence a Goliat

## 1 Samuel 17; 18:1-9

Día tras día, Goliat iba de un lado a otro desafiando a los israelitas.

—¿Dónde está el valiente de Israel? —gritaba—. ¡Que venga a enfrentarse conmigo! Si logra matarme, seremos vuestros esclavos. Pero si yo acabo con él, vosotros seréis esclavos nuestros.

Pero nadie se atrevía a plantarle cara, tenía aterrorizado a todo el mundo.

Un día, cuando David les llevaba comida a sus hermanos soldados, escuchó las burlas del enorme Goliat, que lograron enfurecer al muchacho. De repente, exclamó sin dudar:

—¿Quién se ha creído que es este gigantón para desafiar al ejército del Dios vivo? Yo voy a enfrentarme a él.

Cuando Saúl se enteró de su audacia, le hizo llamar.

—He luchado contra leones y osos para defender el rebaño de mi padre —le dijo David—. Si Dios puede defenderme de los animales salvajes, también me protegerá ahora.

Al final, Saúl accedió. Le cedió su armadura y su espada, pero eran demasiado pesadas para él.

—Pelearé como lo hago siempre —dijo David.

Se quitó la armadura, recogió su honda y fue en busca de Goliat.

Cuando Goliat lo vio venir, estalló en carcajadas.

—¿Qué clase de valiente es este? —preguntó en tono de burla.

—Vengo en nombre del Dios de Israel —dijo David. ¡Él es mucho más fuerte y valiente que tú!

Entonces David sacó una piedra de su zurrón, la colocó en la honda y apuntó. La piedra salió disparada en dirección a Goliat. Le dio en toda la frente y le rompió el cráneo. El gigante cayó muerto al suelo.

Los filisteos se asustaron y huyeron despavoridos hacia las colinas. Habían ganado los israelitas, que estaban locos de alegría.

Pero Saúl estaba celoso, ya que ahora todo el mundo admiraba y quería a David. Decidió encerrarse en su palacio para pensar qué podía hacer para perjudicar a su rival.

# David huye de Saúl

1 Samuel 19, 20

Mical, una de las hijas de Saúl, se enamoró de David. Saúl se alegraba de que quisiera casarse con ella, pero por otras razones. Pensaba que si formaba parte de su familia le sería más fácil hacerle daño.

David regresó al campo de batalla y ganó muchas victorias para los israelitas. Pero Saúl siguió conspirando contra él. Mical estaba muy preocupada.

Una noche, cuando David acababa de regresar de una batalla, Mical le advirtió de que estaba en peligro y que debía irse. Lo ayudó a escapar del palacio por una ventana. Después puso una estatua en la cama de David y la tapó con una sábana para que los hombres de Saúl no sospecharan que había huido. De esta forma, le dio más tiempo a David para alejarse del palacio y salvarse.

# David canta

## Salmo 56

A David le apenaba que Saúl estuviera en su contra. Se sentía muy solo. Pero entonces recordó que Dios siempre lo acompañaba y se puso a cantar un salmo para hablar con Él.

*Ten compasión de mí, oh, Dios,*
*pues hay gente que me persigue.*
*Todo el día me atacan mis opresores.*
*Cuando siento miedo,*
*pongo en ti mi confianza.*

*Confío en Dios y alabo su palabra;*
*confío en Dios y no siento miedo.*
*¿Qué puede hacerme un simple mortal?*

*Tú, oh, Dios, me has librado de tropiezos,*
*me has librado de la muerte,*
*para que siempre, en tu presencia,*
*camine en la luz de la vida.*

*Amén*

# David perdona la vida a Saúl

1 Samuel 26

Conforme pasaba el tiempo, mayor era el número de israelitas que seguían a David en lugar de a Saúl. El rey estaba cada día más malhumorado.

Su única obsesión era encontrar a David y matarlo. Un día, con unos soldados, fue hacia las colinas en su busca. Al anochecer montaron el campamento para pasar la noche y Saúl se refugió en una cueva.

Allí fue donde David y sus hombres lo encontraron, dormido.

—Podrías matar a tu enemigo sin que se enterara —dijeron sus seguidores—. Así no tendrías que huir más de su ira.

—¿Quién soy yo para matar al rey de Israel? —les dijo, y entonces se dio la vuelta y salió de la cueva.

No obstante, David dejó una señal para que Saúl supiera que había estado allí. Él y sus hombres se llevaron la lanza y la jarra de agua del rey. Cuando estuvieron a suficiente distancia del campamento, David dio un grito para despertar a los guardias de Saúl. Quería que supieran lo fácil que habría resultado matar al rey si hubiera querido.

# David llora la muerte de Saúl

2 Samuel 1

Cuando Saúl supo que David había estado lo bastante cerca para matarlo, pero que le había perdonado la vida, se sintió avergonzado. Aun así, ambos siguieron siendo enemigos.

Saúl había dejado de ser un rey fuerte y poderoso. Por ello, cuando poco después hubo otra cruenta batalla contra los filisteos, y sabiéndose derrotado, Saúl se quitó la vida con su espada. Su hijo Jonatán, que había sido gran amigo de David, murió en el campo de batalla.

Aunque su amistad había terminado mal, David sintió mucha pena al saber que Saúl había muerto de aquella forma. Y aún se sintió más triste por la muerte de su buen amigo Jonatán.

Entonces escribió una elegía para los dos hombres:

"¡Cómo han caído los valientes! Saúl y Jonatán, dos hombres maravillosos. Que ni en su muerte fueron separados".

Había llegado el momento de convertirse en el nuevo rey de Israel.

# David es coronado rey

2 Samuel 5:1-7

Tras la muerte de Saúl,
el deseo de David se hizo
realidad y fue coronado
rey de Israel. Pero las
cosas no fueron fáciles
para él, pues los fieles
seguidores de Saúl
le negaron su apoyo.

Además, los filisteos
estaban esperando la
ocasión propicia para
regresar al país.

Más allá de todo
esto, David se había
propuesto conquistar
la ciudad de Jerusalén,
y así poder trasladar
allí el Arca con los
mandamientos de Dios.

Cuando por fin conquistó la ciudad, el pueblo lo celebró
con música, bailes, banquetes y ofrendas a Dios.

Pero lo mejor de todo fue que David convirtió Jerusalén
en la ciudad de Dios, y decidió construir en ella un palacio real.

# David planifica el Templo

2 Samuel 7; 1 Crónicas 17

Ahora que era rey, David tenía un hermoso palacio. Pero entonces se dio cuenta de que, aunque él tenía un magnífico lugar donde vivir, el Arca con los mandamientos de Dios seguía cobijada en una tienda. Tenía que hacer algo al respecto.

Aquella noche Dios habló en sueños con un hombre llamado Natán, un profeta que vivía en la corte del rey David.

—Estoy cansado de vivir en una tienda —le dijo Dios—. Ve y dile al rey que me construya una bonita casa de madera de cedro.

Natán y David estuvieron totalmente de acuerdo en construir un templo para Dios. Pronto se pusieron a trabajar en los planos del nuevo edificio siguiendo las instrucciones de Dios.

Pero el rey estaba empezando a disfrutar de las mieles del éxito, con toda la riqueza y el poder que eso conllevaba. Olvidó todo lo que Dios había hecho por él. Dejó de escucharle y se comportó de un modo que hizo enfadar a Dios.

Al darse cuenta de lo que sucedía, Natán le advirtió que se estaba equivocando. Le dio un mensaje: Dios había decidido que sería el hijo de David, y no él, quien se encargaría de construir el Templo.

El rey se llevó un gran disgusto y le pidió perdón a Dios. Después siguió trabajando en los planos de la construcción, al tiempo que escribía salmos para que algún día, cuando su hijo fuera rey, fuesen cantados entre las cuatro paredes del gran Templo.

# David canta

## Salmo 24

Este es uno de los salmos que escribió David:

*Del Señor es la tierra y todo cuanto hay en ella,*
*el mundo y cuantos lo habitan;*
*porque Él la afirmó sobre los mares,*
*la estableció sobre los ríos.*

*Quien es así recibe bendiciones del Señor;*
*Dios su Salvador le hará justicia.*
*Tal es la generación de los que a ti acuden,*
*de los que buscan tu rostro, oh, Dios de Jacob.*

*Elevad, puertas, vuestros dinteles;*
*levantaos, puertas antiguas,*
*que va a entrar el Rey de la gloria.*

*¿Quién es este Rey de la gloria?*
*El Señor, el fuerte y valiente,*
*el Señor, el valiente guerrero.*

*Elevad, puertas, vuestros dinteles;*
*levantaos, puertas antiguas,*
*que va a entrar el Rey de la gloria.*

*¿Quién es este Rey de la gloria?*
*Es el Señor Todopoderoso;*
*¡Él es el Rey de la gloria!*

# David y Mefiboset

2 Samuel 9

Ahora que David era un gran rey, quería hacer algo en favor de
la familia de su amigo Jonatán. Preguntó a los criados si sus hijos
aún vivían.

—Sí, uno de ellos está vivo —dijo uno de sus sirvientes—.
Se llama Mefiboset, es un muchacho algo débil y sufre cojera.

David se puso muy contento al oír que el hijo de Jonatán,
el nieto de Saúl, seguía vivo. Entonces decidió mandarle a buscar.
Se reservó un sitio para Mefiboset en la mesa del rey y el propio
David lo esperó. Le dijo que como era el hijo de su fiel amigo
Jonatán le concedía todas las tierras que habían pertenecido a Saúl.
Desde entonces siempre hubo un sitio reservado para Mefiboset
en la mesa del rey.

# Salomón es coronado rey

1 Reyes 1:28-3:15

Antes de morir
el rey David, habló
con su hijo Salomón,
el heredero al trono.
Le dijo que fuera un
monarca fuerte, que
confiara en Dios y
que siguiera sus
mandamientos.

—Si es así, Dios
cumplirá su promesa
acerca de que mis
descendientes
gobernarán esta nación —dijo.

Cuando se convirtió en rey, Salomón se propuso ser un gobernante
poderoso y justo, así que expulsó a los antiguos enemigos de su padre.
Entonces, decidió organizar el reino con sumo cuidado.

Una noche tuvo un sueño en el que Dios le preguntaba:

—¿Qué puedo hacer por ti?

Salomón se lo pensó bien y contestó:

—Soy muy joven para reinar sobre un pueblo tan grande.
Dame sabiduría para hacer lo correcto y tomar decisiones justas.

Su respuesta complació a Dios, que le concedió más sabiduría
y conocimiento que a ninguna otra persona antes que él.

# La sabiduría de Salomón

1 Reyes 3; 2 Crónicas 1

Salomón se dio a conocer por su sabiduría, pero nunca olvidó que era un don que Dios le había concedido.

Un día, dos mujeres le pidieron que decidiera quién era la verdadera madre de un bebé. Salomón empezó a darle vueltas a la cuestión. Entonces propuso cortar el bebé por la mitad y repartirlo entre las dos, así ninguna renunciaría a él. La falsa madre aceptó enseguida, pero la auténtica quedó horrorizada.

—De ninguna manera —dijo—. Prefiero que mi hijo viva con otra persona a que muera.

El rey enseguida supo quién era la verdadera madre.

Salomón fue un monarca sabio que confiaba en Dios y tomaba decisiones acertadas, por eso su pueblo vivía en paz.

# Salomón construye el Templo

1 Reyes 5-8

Al cuarto año de su reinado, el rey Salomón comenzó a erigir un majestuoso templo dedicado a Dios. Los cimientos y las paredes se construyeron con hermosas losas de piedra y madera de cedro de los bosques del Líbano.

Tardaron siete años en construirlo, pero por fin lo habían terminado. Era precioso. En los patios exteriores, la gente podía hacer ofrendas a Dios. En el interior, en la parte trasera, había una sala cuadrada sin ventanas, con el suelo y las paredes recubiertos de oro. Allí se guardaría el Arca con los mandamientos de Dios. La habitación estaba decorada con esculturas de criaturas aladas, palmeras y flores, también recubiertas de oro. La sala exterior también era de este metal precioso.

# La consagración del Templo

## 2 Crónicas 7:1-10

Salomón decidió celebrar una ceremonia especial para demostrar
que el Templo estaba dedicado a Dios. Los sacerdotes presentaron
ofrendas y llevaron el Arca con los mandamientos de Dios al santuario
interior del templo. En ese preciso momento, una luz deslumbrante
inundó el Templo: era la presencia de Dios.

El rey Salomón rezó:

—Señor, Dios de Israel, escucha los rezos de tu pueblo. Escúchalos
y ayúdalos por los siglos de los siglos.

Después habló a su pueblo:

—Debéis ser honestos con Dios. Obedeced siempre sus mandamientos.

Después de la ceremonia, tuvo lugar una gran fiesta.

Las celebraciones duraron una semana entera.

# Salomón escribe sus proverbios

Proverbios 1-3, 6

Salomón no solo decía sabias palabras, sino que también escribía proverbios en un libro: *El libro de los proverbios.*

"El temor del Señor es el principio del conocimiento", escribió. Y también "Los necios desprecian la sabiduría y la disciplina".

Escribió que la sabiduría era mejor que el oro y las joyas. Pidió a los niños que escucharan a sus padres y a sus madres y que no hicieran caso a las malas personas. "Que nunca os abandonen el amor y la verdad: llevadlos siempre alrededor de vuestro cuello y escribidlos en el libro de vuestro corazón".

Además de consejos como estos, el libro de Salomón recogía numerosos refranes populares sobre cómo comportarse. Los padres leían el libro a sus hijos para enseñarles a distinguir el bien del mal.

Salomón también contaba cuentos de plantas y flores, insectos y animales, para enseñar a la gente a llevar una vida buena y útil.

Una de estas historias decía:

*¡Anda, perezoso, fíjate en la hormiga! ¡Fíjate en lo que hace y adquiere sabiduría! No tiene quien la mande, ni quien la vigile ni gobierne; con todo, en el verano almacena provisiones y durante la cosecha recoge alimentos. Perezoso, ¿cuánto tiempo más seguirás acostado?*

El libro también hablaba de la importancia de amar a Dios y obedecer sus mandamientos.

"Confía en el Señor de todo corazón", dice Salomón. "Reconoce que toda tu sabiduría se la debes a Él".

# La reina de Saba visita a Salomón

1 Reyes 10:1-13; 11:31-32; 2 Crónicas 9:1-12

Las historias sobre la sabiduría de Salomón llegaron a todos los rincones del mundo, incluso a la lejana tierra de Saba.

Cuando la reina de ese país oyó hablar de él, decidió comprobar en persona si era tan sabio como se decía. Pensó una lista de preguntas complicadas, cuestiones que solo hubieran podido contestar los hombres más sabios del país. Después hizo el equipaje con sus mejores joyas, oro y especias, y se puso camino de Jerusalén.

Al llegar, todo el mundo se detuvo para admirar aquel cortejo.

La reina de Saba fue a ver a Salomón. Le hizo todas las preguntas y él respondió acertadamente a todas ellas.

La reina supo que Salomón era un hombre sabio, y le dijo:

—Veo que Dios ama a su pueblo, por eso le ha dado un rey tan sabio.

La reina tenía razón. En Israel, imperó la prosperidad y la paz durante el reinado de Salomón. Se construyeron bonitos edificios y grandes ciudades. Pero por desgracia los buenos tiempos duraron poco. Salomón gastaba cada vez más dinero en lujos superfluos. Necesitaba cada vez más oro para pagar sus majestuosos proyectos. Cobró muchos impuestos a sus conciudadanos y obligó a miles de hombres a trabajar en sus edificios. El pueblo ahora era pobre y muy infeliz.

Por si fuera poco, Salomón empezó a olvidarse de Dios y de su bondad. Dejó de serle fiel, tal y como había hecho su padre. Dios estaba triste, así que le dijo:

—Como no has seguido mis mandamientos, le quitaré a tu hijo el reino de Israel.

Con el paso de los años, la amenaza de Dios se cumplió. Los reyes que lo sucedieron no hicieron nada por su pueblo.

# Acab y Jezabel

1 Reyes 16:29-34; 1 Reyes 21

Al morir el rey Salomón, Israel se dividió en dos reinos. El pueblo de Judá, al sur, siguió a Roboán, el hijo de Salomón. En el norte reinó Jeroboán, el hijo de Nebat.

Los reyes del norte que sucedieron a Jeroboán no fueron fieles a Dios. Uno de ellos, Acab, se casó con Jezabel, una mujer de otra tribu que idolatraba un falso dios. Pronto quedó claro que quien mandaba en realidad era Jezabel, no Acab.

Ambos eran crueles y egoístas. Un día, Acab vio a un hombre llamado Nabot que trabajaba en un hermoso viñedo situado junto al palacio.

—Te compro tu parcela —le dijo—. Es justo lo que necesito para cultivar mi huerto.

—Lo siento, majestad —respondió Nabot con humildad—, pero no está en venta. Este viñedo ha pertenecido durante años a mi familia y, cuando llegue el momento, es justo que lo hereden mis hijos, y los hijos de mis hijos.

Acab no estaba acostumbrado a que le llevaran la contraria.

—¿Cómo te atreves a hablarme así? —le gritó.

Jezabel también estaba furiosa, así que se propuso conseguir aquellas tierras como fuera.

Urdió un malévolo plan para poner a Nabot entre las cuerdas y lo condenó a la pena de muerte por traición.

—A estos miserables hay que tratarlos así —dijo con una risotada cruel mientras le entregaba a Acab los documentos que le convertían en el nuevo propietario del viñedo.

El pueblo empezó a temer a Acab y Jezabel. Todos sabían que si no hacían lo que el rey y la reina decían, acabarían teniendo serios problemas.

# Elías detiene la lluvia

1 Reyes 17:1-6

Jezabel estaba obsesionada con que los habitantes del reino adoraran a su dios, Baal. Así que ordenó matar a todos los profetas de Dios.

—Pronto se olvidarán del Dios de Israel y sus mandamientos —dijo la reina con desdén.

Pero Dios no iba a permitirlo. Eligió a un hombre llamado Elías para que el pueblo recuperara la fe en Él.

Elías fue a hablar con Acab y Jezabel.

—En Israel no lloverá hasta que mi Dios así lo quiera —les anunció. Y así fue.

Por mucho que el rey y la reina rezaron a Baal, no cayó ni una sola gota en dos años. Pronto la tierra se secó y la gente empezó a quedarse sin provisiones. Acab y Jezabel estaban tan furiosos que querían matar a Elías, pero Dios tenía la solución para él.

Le dijo a Elías que se escondiera en un lugar secreto y le mandó cuervos para que le trajeran comida.

# Elías y la viuda

1 Reyes 17:7-16

Un día Dios le pidió a Elías que fuera a una determinada ciudad.

—Allí encontrarás a una viuda que te dará de comer y de beber.

Elías recorrió un largo camino y llegó a su destino muy hambriento, pero sabía que Dios no le fallaría. Y estaba en lo cierto. A las puertas de la ciudad se encontró con la viuda.

—¿Podrías darme algo de comer? —le preguntó.

—Lo siento —contestó la mujer—. Hay sequía y solo me queda comida para hoy.

—De acuerdo, gracias de todos modos —respondió Elías—. Dios proveerá.

Y así fue. Hasta el fin de la sequía, cada día hubo comida suficiente en el puchero para alimentar a la familia de la viuda, y también a Elías.

# Elías y los profetas de Baal

1 Reyes 18:1-40

Por fin, Dios envió otra vez a Elías a ver al rey Acab.

—¡Hace tres años que no llueve! —bramó el rey al verle—. Y todo por tu culpa.

—No es culpa mía, sino vuestra —contestó Elías con tranquilidad—. Le habéis dado la espalda al Dios verdadero.

Entonces, Elías le pidió a Acab que llevara a su pueblo y a los profetas de Baal al monte Carmelo.

El rey convocó a la multitud, que pronto se arremolinó junto al palacio.

—Ha llegado la hora de ver quién es el Dios verdadero —anunció Elías—. Propongo un reto a los profetas de Baal. Que le ofrezcan un novillo a Baal y yo le ofreceré otro a Dios. El Dios verdadero será aquel que envíe fuego del cielo para encender la leña del altar.

Los sacerdotes de Baal se pusieron a trabajar. Construyeron un altar y ataron un novillo. Rezaron a su dios durante todo el día, pero no pasó nada.

—¡Respóndenos, Baal!
—gritaban, pero nadie
respondía.

No sucedió nada en absoluto. Después le
llegó el turno a Elías. Construyó su altar, excavó
una zanja alrededor, puso el novillo sobre un
montón de leña y le dijo al pueblo:

—Llenad cuatro jarras de agua y vertedlas
sobre el animal y la leña.

Pidió que lo hicieran una y otra vez, hasta
que el agua rebosó por el altar y llenó la zanja.

El público no daba crédito a lo que veía.

—¿Cómo va a prender el fuego con
tanta agua? —gritaban—. ¡Este hombre
está loco!

Entonces, Elías se puso a rezar.
Dios mandó fuego y, aunque la leña
estaba húmeda, la hoguera empezó
a arder.

# El regreso de la lluvia

1 Reyes 18:41-46

Al fin, la multitud del monte Carmelo supo la verdad.

—El Dios de Elías es el único —gritaron alborozados.

Entonces habló Elías:

—¡Echad a los profetas de Baal! —ordenó—. Que la malvada adoración de este falso dios termine hoy para siempre.

Entonces miró hacia el cielo y se puso a rezar. De repente, se levantó una ráfaga de viento, los cielos se oscurecieron y una densa lluvia comenzó a caer por primera vez en muchos años.

—¿Qué tenemos que hacer ahora? —preguntó Acab, desconcertado por lo que acababa de ver.

—Volved a casa —dijo Elías— y contadle a los demás lo que habéis aprendido hoy. Solo hay un único Dios verdadero.

# La huida de Elías

1 Reyes 19:1-9

Cuando Acab le contó a Jezabel lo ocurrido, esta montó en cólera.

—¡Elías no puede salirse con la suya! ¡Ordenaré que lo maten! —gritó.

Al enterarse de la amenaza de la reina, Elías se sintió desolado.

"¿Cómo voy a razonar con una mujer así?", pensó.

Entonces decidió huir al desierto para ponerse a salvo. A medida que avanzaba iba perdiendo cada vez más la esperanza.

"Ya nada tiene sentido", pensó.

Al final, hambriento y exhausto, se tumbó bajo un árbol y se quedó dormido. Entonces, Dios mandó un ángel para que cuidara de él.

Elías se despertó al oír una voz.

—Despierta, Elías —dijo—. Tienes que comer. —Se puso en pie y vio que junto a él había un trozo de pan y agua: un regalo de Dios.

# Una voz queda

## 1 Reyes 19:10-18

Al saber que Dios estaba pendiente de él, Elías empezó a sentirse mejor. Pronto se sintió con fuerzas de retomar su viaje.

Caminó durante cuarenta días con sus cuarenta noches hasta que llegó al monte Sinaí. Allí se cobijó en una cueva y esperó a que Dios lo encontrara. Y Dios lo encontró.

—¿Qué haces aquí, Elías? —le preguntó.

Aunque en el monte Carmelo había podido demostrar que tenía razón, aún estaba desanimado.

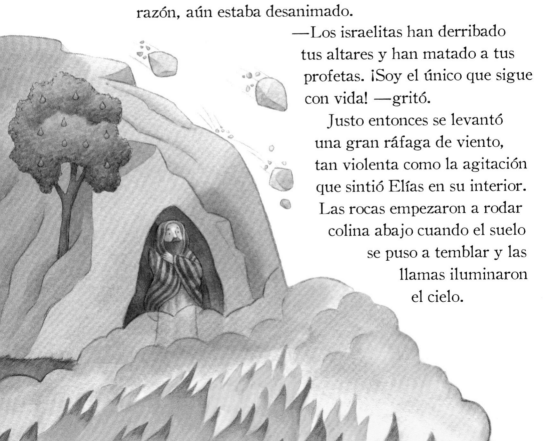

—Los israelitas han derribado tus altares y han matado a tus profetas. ¡Soy el único que sigue con vida! —gritó.

Justo entonces se levantó una gran ráfaga de viento, tan violenta como la agitación que sintió Elías en su interior. Las rocas empezaron a rodar colina abajo cuando el suelo se puso a temblar y las llamas iluminaron el cielo.

Al cabo de un rato, todo quedó en silencio. Todo volvía a estar en calma.

En medio del silencio, Elías oyó un susurro. Se envolvió con su capa y salió a la entrada de la cueva. Entonces Dios le dijo con voz queda:

—¿Por qué estás aquí?

—Soy el único que sigue con vida —repitió Elías—. Y ahora Jezabel quiere matarme también a mí.

—No estás solo —le confirmó Dios—. Vuelve por donde has venido. En Israel hay miles de fieles que jamás han adorado a Baal. Busca a un hombre llamado Eliseo, él te ayudará a llevar a cabo mi misión. Yo me ocuparé de Acab y Jezabel.

Al oír estas palabras Elías se sintió mucho mejor. Sabía que Dios cuidaba de él y que ya no tendría que cargar con todo el trabajo a sus espaldas.

# Elías y Eliseo

1 Reyes 19:19-21

Elías fue en busca de Eliseo, tal y como Dios le había ordenado.
Lo encontró en las tierras de su padre, guiando un arado tirado
por varios bueyes.

—Dios te ha elegido para una misión muy especial —le dijo—.
Acompáñame y te enseñaré a ser profeta de Dios.

Eliseo pertenecía a una familia adinerada, pero en cuanto oyó
las palabras del anciano lo acompañó sin rechistar.

—Es la voluntad de Dios —dijo—. Deja que me despida de
mis padres y vendré contigo.

Elías se puso muy contento. Cada día era más viejo y estaba más
cansado, y gracias a Eliseo podría tomarse las cosas con más calma.

# Elías sube al cielo

2 Reyes 2:1-18

Elías y Eliseo habían hecho muy buenas migas. El anciano era un maestro muy sabio y el joven se sentía orgulloso de ser su alumno. Pero al cabo de un tiempo, Elías supo que debía relegar toda la responsabilidad en su compañero.

—Ha llegado la hora de despedirnos —le dijo—. Si ves cómo me llevan significará que ocuparás mi lugar.

Cuando acabó de hablar, una ráfaga de viento elevó a Elías por los aires.

—¡No te vayas, maestro! —gritó Eliseo, pero Elías ya estaba en el cielo.

Acongojado, el joven recogió la capa del anciano del suelo.

"Ahora seré yo quien la lleve", pensó. "Debo retomar lo que Elías empezó".

# La viuda y el aceite

2 Reyes 4:1-7

Tiempo después una viuda pidió ayuda a Eliseo. Su marido había sido seguidor de Elías.

—Mi marido era leal a Dios, pero se endeudó con un mal hombre —le contó—. Ahora, el prestamista quiere llevarse a mis hijos como esclavos.

—¿Qué tienes en casa? —le preguntó Eliseo.

—Solo una jarrita con aceite de oliva —contestó la mujer.

Eliseo le dijo que pidiera jarras vacías a sus vecinos.

—Junta todas las que puedas —le dijo—. Después ve a casa con tus hijos y llena las jarras de aceite.

Los hijos fueron trayendo las jarras de una en una. Su madre fue vertiendo el aceite de la jarrita en ellas hasta que estuvieron llenas. Entonces, la jarra dejó de manar aceite.

La mujer le preguntó a Elías qué había pasado.

—Vende el aceite y devuélvele el dinero al prestamista —le dijo él—. Con el dinero que sobre, tú y tus hijos podréis vivir mucho tiempo.

# La sunamita

2 Reyes 4:8-37

Eliseo tenía una amiga en el pueblo de Sunén que siempre lo acogía amablemente en su casa. La mujer tenía un hijo al que quería con locura. Pero un día, mientras ayudaba a su padre en el campo, el niño empezó a encontrarse mal.

—¡Me duele mucho la cabeza! —se quejaba.

Su padre lo mandó enseguida a casa, pero unas horas después el muchacho murió. Presa del dolor, la sunamita acostó a su hijo en la cama y fue a buscar a Eliseo.

Al ver el cuerpo del niño, Eliseo le rezó a Dios para que le devolviera la vida. Dios le explicó lo que tenía que hacer.

Eliseo se tendió encima del niño y puso su boca junto a la suya. Unos instantes después, ¡el chico empezó a respirar de nuevo! Poco a poco recuperó la temperatura del cuerpo y estornudó siete veces. Después abrió los ojos.

Eliseo llamó a la sunamita.

—¡Tu hijo está vivo! —dijo—. ¡Aleluya!

# La curación de Naamán

## 2 Reyes 5

Naamán era el jefe del ejército del rey en Siria. Era un hombre rico e importante, pero padecía lepra, una grave enfermedad que no podía curar pese a toda su riqueza.

Una de las criadas de su mujer, que era israelita, le habló de Eliseo:

—Es el profeta de Dios. Seguro que lo curaría.

Así que Naamán decidió partir rumbo a Israel con un montón de dinero, caballos y carruajes. Pero cuando llegó a casa de Eliseo, este mandó a su sirviente para que hablara con él.

—Mi señor dice que te laves siete veces en el río Jordán —le dijo—. Solo así tu piel sanará.

Pero Naamán, que era un hombre arrogante, no se dio por satisfecho. Pensó que merecía que le trataran con más respeto y que le dieran una mejor solución que bañarse en un río.

—¿Para eso he venido hasta aquí? —se quejó—. Los ríos de Siria son mejores que los de Israel. Seguro que si me baño allí me curaré igualmente.

Quería volver a casa, pero sus criados lo convencieron para que hiciera lo que le habían dicho. Al final, Naamán fue al río y se sumergió siete veces en el agua. Cuando salió, su piel estaba limpia: ¡se había curado!

Naamán corrió a ver a Eliseo e intentó colmarlo de regalos, pero el profeta los rechazó.

—Ahora sé que tu Señor es el único y verdadero —dijo Naamán.

—Id en paz —dijo Eliseo.

# Los reyes de Judá

2 Reyes 16-22

Las tribus de Israel no se ponían de acuerdo sobre quién debía gobernar a los seguidores de Moisés. El grupo del norte se convirtió en el reino de Israel. El del sur, en el reino de Judá, cuya capital era Jerusalén.

Ambos reinos debían ser fieles a la religión de Moisés. Judá contaba con la ciudad más sagrada, con su majestuoso Templo, pero aun así algunos de sus reyes dieron la espalda a las creencias judías. Construyeron estatuas y templos en honor de otros dioses en lugar del Dios verdadero. La Biblia se refiere a ellos como "reyes malos".

Todos los reyes de Israel fueron malos, igual que muchos de los de Judá. Ozías fue uno de los mejores, igual que su hijo Yotám. Pero su sucesor, Ajaz, era malo. Instaló estatuas de otros dioses en el antiguo Templo e ignoró las palabras de los profetas de Dios.

Su hijo, Ezequías, odiaba la forma de vida de su padre.

En cuanto ocupó el trono ordenó a los sacerdotes que repararan y limpiaran el Templo. El trabajo duro dieciséis largos días.

Dios estaba orgulloso de Ezequías. Le protegió a él y al pueblo de Judá del poderoso ejército asirio, que se había proclamado su enemigo.

A Ezequías lo sucedió Manasés, su hijo de doce años. A Manasés le fascinaban las otras religiones y permitió que el pueblo recuperara las malas costumbres. Como Ajaz, mandó construir altares en honor de Baal y otros dioses en el Templo. Además, mató a muchos inocentes. Manasés reinó cincuenta y cinco años, y le sucedió su hijo Amón.

Amón era igual de pérfido que su padre, pero el pueblo se rebeló contra él y lo mató solo dos años después de subir al trono.

Judá se salvó con el reinado de Josías, que se había convertido en rey a los ocho años. Se mantuvo en el trono durante treinta y un años, y durante este periodo de tiempo recuperó muchas tradiciones religiosas que habían sido olvidadas. Algunas de ellas, como la Pascua, siguen siendo muy importantes hoy día.

# Dios llama a Jonás

Jonás 1:1-6

No todos los profetas estaban dispuestos a aceptar la llamada de Dios. Después de todo, ser el mensajero de Dios podía ser peligroso. Jonás era uno de esos profetas reacios.

Un buen día, Dios le dijo que debía llevar un mensaje suyo a la población de Nínive, la capital de Asiria. Los asirios eran enemigos del pueblo de Dios, crueles y malvados.

—Informa al rey de Nínive y a su gente de que dentro de cuarenta días la ciudad será destruida —dijo Dios—. Diles que conozco su maldad y que este comportamiento tiene que terminar.

Pero Jonás no quiso ir. En lugar de eso se embarcó en dirección contraria. Cuando el barco zarpó, se puso a dormir en la cubierta.

Furioso por la actitud de Jonás, Dios mandó una violenta tormenta y la barca empezó a balancearse peligrosamente entre las olas. Todos se pusieron a rezar a sus dioses para que les salvaran.

Pero Jonás seguía durmiendo tranquilamente, sin darse cuenta de lo que pasaba, hasta que el capitán le despertó.

—¡Reza a tu Dios para que nos salve! —le gritó.

# Una gran tormenta y un gran pez

### Jonás 1:7-17

Jonás entendió que aquella tormenta repentina era culpa suya.

—¡Tiradme al mar y la tormenta se calmará! —dijo.

Al principio el capitán se negó, pero la tormenta era cada vez más fuerte, así que no le quedó más remedio que tirarlo por la borda.

En cuanto Jonás tocó el agua, el mar se calmó al instante.

Las olas lo zarandearon con gran brusquedad. Jonás veía que se estaba ahogando y le pidió a Dios que lo salvara. Dios escuchó su ruego y mandó un pez enorme, que se lo tragó vivo.

# La salvación de Nínive

Jonás 2-3

Jonás estuvo dentro del estómago del pez tres días enteros. Estaba muy arrepentido de haber desobedecido a Dios, y se lo dijo en sus oraciones.

Dios lo escuchó. Al ver que su arrepentimiento era de verdad, hizo que el pez lo vomitara sano y salvo en una playa.

Una vez más, Dios pidió a Jonás que llevara su mensaje a Nínive. Esta vez el profeta obedeció. Advirtió a sus habitantes de que Dios los destruiría si no cambiaban su conducta, lo cual los dejó muy preocupados. Decidieron dejar de comportarse con crueldad y prometieron que serían bondadosos.

Cuando Dios vio que habían abandonado el mal camino, los perdonó y no destruyó su ciudad.

# Jonás aprende la lección

Jonás 4

¿Jonás estaba contento de que la ciudad se hubiera salvado? No, estaba furioso.

—¡Sabía que los exonerarías! —le recriminó a Dios—. No es justo. El pueblo no se lo merece.

Dicho esto, se sentó bajo el sol abrasador a las afueras de la ciudad. Se sentía tan miserable que hubiera preferido morir.

Pero Dios hizo que creciera un arbusto grande y frondoso junto a él para protegerle del calor. Enseguida, Jonás se sintió mejor.

Al día siguiente, Dios envió un gusano para que se comiera las raíces del arbusto, que poco después se secó. El sol comenzó a pegar muy fuerte otra vez sobre Jonás.

—Qué pena que el arbusto se haya muerto —dijo Jonás—. Me daba una sombra estupenda. ¡No es justo!

—Te da pena que este arbusto se haya muerto, pero no has hecho nada para cuidarlo —le dijo Dios—. ¿Cómo crees que me siento cuando pienso en el pueblo de Nínive, en los niños inocentes y en los animales? Yo les di la vida.

Por fin, Jonás comprendió cuánto amaba y cuidaba Dios al mundo que Él había creado. Estaba arrepentido.

# Dios llama a Isaías para convertirlo en profeta

Isaías 6

Afortunadamente, no todos los mensajeros de Dios desaparecían. Algunos respondían de inmediato a su llamada y aceptaban ser sus profetas.

Durante su reinado en Judá, Uzías fue un buen rey que siguió las leyes de Dios, cosa que no hizo su pueblo. El año en que murió, un hombre llamado Isaías tuvo una visión.

En ella, Dios estaba sentado en su trono celestial y la cola de su túnica llenaba todo el templo. Estaba rodeado de ángeles. Había una luz cegadora y todos los ángeles cantaban salmos en honor a Dios.

*Santo, santo, santo*
*es el Señor Todopoderoso.*
*Toda la tierra está llena*
*de su gloria.*

Cuando aquellas voces se callaron, la iglesia tembló y se llenó de humo.

Isaías estaba
aterrorizado.
Sabía que no
era merecedor
de aquella escena
celestial.

—¡Soy un pecador!
—gritó—. Y vivo entre
pecadores. ¿Qué puedo
hacer?

Entonces uno
de los ángeles
agarró una brasa del altar
celestial con unas tenazas y se le
acercó. Tocó los labios de Isaías con
la brasa, pero esta no le quemó.

El ángel le dijo:

—Tu culpa ha desaparecido y tus pecados
han sido perdonados. —Después de aquello, Isaías pudo
hablar en nombre de Dios y transmitir sus mensajes.

Cuando aún estaba saliendo de su asombro, oyó una gran voz,
la voz de Dios, que le decía:

—¿A quién voy a enviar para hablar con mi pueblo? ¿Quién va
a ser mi mensajero?

—Yo mismo, Señor —dijo Isaías—. Envíame a mí.

Entonces Dios le dijo lo que tenía que transmitir al pueblo de
Israel. A lo largo de su larga vida, Isaías sería el mensajero de
Dios y un buen profeta.

# Isaías profetiza el nacimiento del Elegido

Isaías 7:14; 9:6-7

Unos años después, cuando Ajaz era rey de Judá, las cosas se complicaron para los israelitas. Su nación estaba continuamente en guerra y el pueblo sufría mucho por la crueldad de sus reyes.

Ajaz no siguió las leyes de Dios e ignoró repetidamente las advertencias de Isaías. Pero Dios no había olvidado a su pueblo. Le pidió a Isaías que hiciera llegar un mensaje de esperanza.

—Una muchacha va a tener un hijo —dijo Dios—, y lo llamará Emanuel, que significa "Dios está con nosotros".

Poco después, Dios le pidió a Isaías que hiciera llegar otro mensaje, esta vez sobre el futuro nacimiento.

Así describió Isaías lo que iba a suceder:

Quienes caminaban en la oscuridad han visto una luz cegadora.
Estaban tristes y Dios los ha animado.
Están alegres como cuando la cosecha es propicia.
Va a nacer un niño.
Se nos ha concedido un hijo
en cuyos hombros reposará la soberanía.
Recibirá los nombres de Consejero Admirable,
Dios Fuerte, Padre Eterno y Príncipe de la Paz.
Gobernará sobre el trono de David y sobre su reino.
Traerá la paz a las naciones.
Habrá paz por siempre jamás en su nombre.
Dios Todopoderoso lo hará posible.

Muchos años después vendría
al mundo este bebé tan especial.
Hijo de José y María, nacería
en la ciudad de Belén,
conocida como "la ciudad
de David". Él sería el
Elegido de Dios, y la
señal para todos los
hombres y mujeres
de que Dios los ama.
Se llamaría Jesús.

La historia de Jesús
se cuenta en el Nuevo
Testamento.

# Dios llama a Jeremías

Jeremías 1:1-9

Cuando Joaquín era rey de Judá, Dios le habló a un joven llamado Jeremías, que cuenta la historia como sigue.

—La primera vez que Dios me habló era prácticamente un niño. ¡Ni siquiera tenía barba! Me dijo que me había elegido para hablar en su nombre. Quería que le dijera a su pueblo que no se comportaba como era debido.

Yo estaba muy asustado, pensaba que era demasiado joven para recibir aquel encargo tan importante. Le dije a Dios que no sabría qué decirle a la gente.

Pero él me contestó que no tuviera miedo, que él me daría las palabras y estaría junto a mí para protegerme.

Entonces alargó la mano y me tocó los labios. Me dijo que le dijera al pueblo que su comportamiento cruel hacía que se sintiera triste y enfadado.

Así fue como, sabiendo que en todo momento Dios me acompañaba, pude dirigirme al pueblo.

# Las advertencias de Jeremías

Jeremías 1, 2

Estas son las palabras que el Señor Dios le pidió a Jeremías que repitiera:

—Pueblo de Israel, fuiste fiel a mí y yo te amé y te protegí. Pero ahora te alejas y adoras a ídolos que no te hacen ningún bien. Has arruinado mi tierra, has pecado en mi contra. ¿Cuándo vas a volver a confiar en mí?

Jeremías supo cómo se sentía Dios. La gente se rió de él y se negó a escucharle. Dios le pidió a Jeremías que advirtiera al pueblo.

—Haré temblar la tierra, todos los pájaros huirán volando y la tierra fértil se convertirá en desierto. Enviaré ejércitos contra ellos, haré que los tomen como rehenes —amenazó Dios.

# Jeremías y el alfarero

Jeremías 18:1-10

Esta es otra de las profecías de Jeremías narrada en sus propias palabras:

—El Señor me envió a casa del alfarero, donde estaba trabajando la arcilla. Al alfarero no le gustaba cómo le había quedado un jarrón, así que aplastó la arcilla con las manos y empezó de nuevo.

"Yo soy como el alfarero", me contó Dios. "Mi pueblo es como la arcilla en mis manos. Si les digo que los voy a castigar y a destruir, pero después ellos se comportan bien, los salvaré. Pero si les digo que los voy a tratar bien y a hacerlos fuertes, pero ellos se alejan de mí y van por mal camino, los aplastaré como la arcilla y empezaré de nuevo".

# Los reyes malos

## 2 Reyes 24-25; 2 Crónicas 36:5-10

Durante muchos años, el pueblo de Israel ignoró todas las
advertencias de Jeremías. En lugar de volver a confiar en Dios,
el pueblo y sus reyes, uno tras otro, siguieron comportándose con
crueldad y egoísmo.

Dios estaba furioso con ellos. Tal como había advertido Jeremías,
el Señor envió poderosos ejércitos para que lucharan con su pueblo.
Nabucodonosor, rey de Babilonia, ordenó a los soldados que
destruyeran el Templo de Jerusalén y apresaran a varias personas
como rehenes.

A Dios no le hizo ninguna gracia castigar a su pueblo. Buscaba
desesperadamente darles una oportunidad para que le amaran de
nuevo y evitar más sufrimiento.

Por entonces Jeremías era bastante anciano. Dios lo envió a
visitar al nuevo rey de Israel, Sedecías. Jeremías le suplicó que
dejara que los israelitas volvieran con Dios,
pero él no le hizo caso.

Entonces intentó advertirle que
Dios aún estaba enfadado con
su pueblo y que habría más
destrucción si no deponían
su actitud. Pero Sedecías
lo ignoró una vez más.
Todo siguió igual.

# Nabucodonosor

## 2 Crónicas 36:11-21; Daniel 1

El ejército babilónico de Nabucodonosor se dirigió de nuevo hacia Jerusalén, y acampó alrededor de sus murallas. No iban a dejar entrar ni salir a nadie, y no permitirían que las provisiones llegaran a la ciudad. Al poco tiempo, el pueblo de Jerusalén comenzó a pasar hambre. Una noche Sedecías y muchos de sus soldados lograron escapar, pero Nabucodonosor les dio caza, matando a algunos y llevándose a otros como prisioneros, incluido el rey.

El ejército babilónico entró en Jerusalén, y quemaron el Templo, el palacio real y muchas viviendas. Después, se eligieron a las personas más fuertes y sanas de la ciudad y se las llevaron para convertirlas en sus sirvientes.

# La carta de Jeremías

Jeremías 29

Jerusalén había sido pasto de la destrucción, ya no quedaba nada.
Muchos israelitas habían huído a Egipto.

Jeremías ya les había dicho que esto iba a pasar. Les había
advertido.

—¿Por qué no me escucharon? —se preguntaba—. ¿Por qué
no regresaron a Dios?

Jeremías tenía el corazón roto por Sedecías, el rey de Israel,
y su pueblo, por eso les escribió una carta:

*Trabajad y rezad por aquellos que os han encarcelado.*
   *Casaos y tened hijos para multiplicaros.*
*Dentro de 70 años vendréis a buscarme con todo vuestro*
   *corazón. Yo responderé a vuestras plegarias. Os devolveré*
   *a vuestra tierra y os daré todo lo que anheláis.*
*El pueblo que se quedó en Jerusalén padecerá guerras,*
   *hambruna y enfermedades. La gente de todo el mundo*
   *quedará horrorizada al ver lo que les sucede.*
*Yo, el Señor, he hablado.*

Sedecías rompió
la carta y la tiró a la
hoguera. Jeremías
lloró por él.

# Daniel y la comida del rey

## Daniel 1

Cuando Nabucodonosor conquistó Jerusalén, le pidió al primer oficial que eligiera a los muchachos más apuestos para instruirlos como consejeros. Daniel y sus tres mejores amigos Ananías, Misael y Azarías se contaban entre los elegidos.

Tan bien los trataban, que les daban de comer lo mismo que comía Nabucodonosor. Sin embargo, Daniel se sentía incómodo con ese trato especial. Quería ser leal a Dios y vivir de manera más sencilla, por eso evitaba comer la misma comida que el rey.

El primer oficial estaba preocupado.

—Si adelgazas demasiado, harás enfadar al rey —le dijo.

—Dadnos a mis amigos y a mí hortalizas y agua para diez días —pidió Daniel—. Después podréis compararnos con los demás.

El oficial accedió de mala gana. Al cabo de diez días, Daniel y sus amigos tenían un aspecto más saludable que el resto de sus compañeros, de manera que el oficial les permitió que continuaran haciendo la misma dieta.

Al final de la instrucción, todos los muchachos fueron llevados ante el rey.

—Estos cuatro son los más apuestos, sin duda —dijo, señalando a Daniel y a sus amigos—. Ellos cuatro serán mis consejeros personales.

# El sueño de Nabucodonosor

## Daniel 2

Una noche, Nabucodonosor tuvo un sueño inquietante.

—Decidme cuál es el significado de mi sueño —ordenó a sus consejeros.

Ninguno de ellos supo por dónde empezar. El rey estaba furioso.

—¿Y vosotros os hacéis llamar consejeros? —gritó—. ¡Que los ejecuten ahora mismo!

Cuando Daniel se enteró de lo ocurrido, rezó a Dios para que le ayudara a comprender el sueño. Después se presentó ante el rey.

—Habéis soñado con una estatua de cabeza dorada —le dijo—. El pecho era de plata, los muslos de bronce, las piernas de hierro y los pies de barro. Una roca rompió la estatua en mil pedazos, y después esta se convirtió en una gran montaña que llenó la Tierra.

—¿Pero qué significa? —preguntó el rey.

—Vuestro imperio es la cabeza —contestó Daniel—. El cuerpo está formado por todos los otros reinos, ninguno de los cuales es tan grande como el vuestro. Pero Dios los destruirá todos y construirá un imperio que durará por los siglos de los siglos.

# La estatua dorada
# y el horno en llamas
### Daniel 3

Nabucodonosor quedó tan impresionado de las habilidades de Daniel que le dio un importante cargo en su corte. A sus amigos Ananías, Misael y Azarías los mandaron a trabajar para el rey a Babilonia.

—Mi imperio es el más grande del mundo —presumía Nabucodonosor. Y decidió construir una colosal estatua de oro en Babilonia, en señal de su poder.

Cuando estuvo terminada, pidió a sus súbditos que se arrodillaran ante ella y la adoraran. Todo el mundo, desde el gobernante más importante hasta el campesino más humilde, obedeció. Todo el mundo menos Ananías, Misael y Azarías.

—No vamos a arrodillarnos ante una estatua —decían—. Nosotros solo adoramos a Dios.

Al oír esto el rey montó en cólera. Mandó ir a buscar a los tres hombres.

—Os voy a echar al horno en llamas —les amenazó.

—Dios nos protegerá —contestaron ellos tranquilamente.

Lleno de ira, Nabucodonosor ordenó que los quemaran. Las llamaradas eran tan violentas que incluso los guardias que los llevaron hasta el fuego sufrieron graves quemaduras. Pero, poco a poco, las llamas se fueron debilitando.

—¿Ya están muertos? —preguntó el rey.

¡Menuda sorpresa se llevó! No solo no estaban muertos, sino que además se paseaban por entre las llamas. Pero entonces Nabucodonosor vio a alguien más con ellos.

¡La cuarta persona parecía un ángel de Dios!

Extrañado, Nabucodonosor pidió a los hombres que se bajaran del horno. Cuando los examinaron vieron que no se les había quemado ni un solo cabello.

—Vuestro Dios es grande y poderoso —les dijo, dirigiéndose a sus oficiales—. Oficiales, que nadie en mi imperio vuelva a hablar jamás en contra de Dios. Ningún otro dios sería capaz de hacer algo tan extraordinario.

# El segundo sueño de Nabucodonosor

### Daniel 4:4-18

Durante un tiempo las cosas fueron bien para Nabucodonosor, hasta que volvió a tener un sueño. Llamó enseguida a sus consejeros, pero ninguno de ellos pudo explicar qué significaba. De modo que mandó llamar a Daniel.

—He tenido un sueño que me ha dejado inquieto —le dijo—. Un árbol crecía hasta el cielo. Daba fruta para todo el mundo, y los animales y los pájaros se cobijaban en él. De repente, bajó un ángel y lo taló, y solo quedó el tocón. Pero después el tocón se transformó en un hombre. El ángel dijo que aquel hombre viviría como un animal salvaje, y que todo el mundo debía saber que Dios gobierna el mundo.

# Daniel interpreta el sueño

Daniel 4:19-27

Al oír el sueño de Nabucodonosor,
Daniel se mostró preocupado.
Enseguida supo que no
significaba nada bueno.

—Siento decirte esto
—le dijo al rey—. Ojalá
pudiera interpretar su
significado para tus
enemigos y no para ti.

—No te preocupes
—le dijo Nabucodonosor—.
Dime qué significa.

Daniel se lo explicó.

—Tú eres el árbol.
Alimentas a tu pueblo
y le ofreces protección.
Pero debes reconocer el
poder de Dios, de lo contrario
te cortarán las alas y perderás el
lugar que ocupas. Entonces te convertirás en un hombre
salvaje y vivirás como un animal, alimentándote de hierba.
Debes encomendarte a Dios. Trata bien a los pobres e intenta
hacer lo correcto. Así nada de eso sucederá.

# El sueño se hace realidad

Daniel 4:28-37

Un día, Nabucodonosor estaba contemplando la ciudad de
Babilonia desde el tejado de su palacio, cuando lo invadió un
orgullo pecaminoso.

—No ha habido jamás un imperio tan grande —se felicitó—.
Sin duda, soy el hombre más poderoso del mundo entero.

Poco después de decir estas palabras la locura se apoderó de él
y olvidó quién era. Salió del palacio y, como el salvaje de su sueño,
merodeó por el campo, viviendo como un animal. El cabello le
creció mucho y se alimentaba de hierba.

Su locura se prolongó durante muchos años, hasta que un día
recuperó la cordura.

Al ver qué había sucedido se sintió estúpido.
"No soy el hombre más
poderoso del mundo", pensó.
"Eso solo puede decirlo
Dios".

Nabucodonosor
regresó a su trono y reinó
sabiamente hasta el final
de sus días.

Al morir le sucedió su
hijo Baltasar, pero este no
honró a Dios.

# La escritura en la pared

Daniel 5

Una noche, Baltasar celebraba un banquete con sus amigos. De repente apareció una mano misteriosa y se puso a escribir en la pared: "Mene, Mene, Téquel, Parsin". Baltasar estaba aterrorizado y decidió llamar a Daniel.

—¿Qué significa? —le preguntó.

Daniel habló tranquila pero claramente.

—"Mene" significa "número" —comenzó—. Tienes los días contados. "Téquel" significa "peso". Dios te ha pesado en la balanza de la justicia y tu peso es insuficiente. "Parsin" significa "división". Tu imperio se lo repartirán los persas y los medos.

Aquella misma noche los enemigos del rey Baltasar irrumpieron en palacio y lo mataron.

Mene, Mene, Téquel, Parsin

# Daniel en el foso de los leones

Daniel 6

Tras el asesinato de Baltasar, el líder persa, Darío, ocupó el trono de Babilonia. Darío eligió a Daniel como uno de sus consejeros principales, y él le sirvió con lealtad muchos años. Pero sus antiguos consejeros estaban muy celosos de él.

—¿De dónde ha salido este advenedizo? —preguntaban—. Tenemos que deshacernos de él.

Entonces decidieron urdir un plan. Como sabían que Daniel rezaba a Dios todos los días, le convencieron de que el rey había promulgado una nueva ley. Durante treinta días nadie podría pedirle nada a ningún dios ni ser humano excepto al propio rey. El que desobedeciera sería arrojado a los leones.

Al enterarse de la ley, Daniel sospechó que los consejeros conspiraban contra él, pero nadie iba a impedirle que le rezara a Dios. De modo que hizo lo mismo que cada día.

Cuando sus enemigos vieron que rezaba, corrieron a avisar al rey.

—¡Daniel ha infringido la ley! —gritaron—. ¡Hay que castigarlo!

Darío estaba horrorizado. Se dio cuenta de que habían tendido una trampa a su consejero predilecto, pero no podía ponerse de su parte para evitar favoritismos.

—Lo siento mucho —le dijo a Daniel—. Tienes que cumplir tu castigo. Serás arrojado a los leones. Espero que Dios te proteja.

Darío no durmió en toda la noche preocupado por Daniel. Al amanecer saltó de la cama y se fue al foso.

—¿Te ha salvado tu Dios? —gritó.

—¡Sí, majestad! —respondió Daniel—. Dios me ha salvado. Él sabía que yo era inocente.

Darío lo liberó enseguida y detuvo a los conspiradores.

—Voy a promulgar una nueva ley —advirtió—. Todo el mundo deberá temer y respetar al Dios de Daniel. Él es el único y verdadero Dios.

# El decreto de Ciro

2 Crónicas 36:22-23; Esdras 1:1-4

Mucho tiempo atrás, la ciudad de Babilonia había sido conquistada de nuevo, esta vez por los persas. De modo que el sucesor del trono fue un guerrero persa llamado Ciro.

Dios ablandó su corazón y logró que se comportara amablemente con el pueblo de Israel. Ciro escribió un decreto, una carta importante, para que se leyera en todo el reino. Decía así:

*El Señor, Dios del cielo, que me ha dado todos los reinos de la tierra, me ha encargado también que le construya un templo en la ciudad de Jerusalén, en Judá. Por tanto, cualquiera que pertenezca a ese pueblo debe regresar a Jerusalén. Asimismo, deberá ofrecer plata y oro, vacas y ovejas, y todo tipo de ofrendas para el Templo de Dios.*

Después de mucho tiempo, el exilio había terminado. Por fin, el pueblo de Israel iba a regresar a casa.

# El regreso a Jerusalén

Esdras 1:5-2:1; Ezequiel 45-48

Los israelitas habían vivido mucho tiempo en Babilonia. Algunos de ellos llevaban viviendo allí más de sesenta años, y la mayoría de los jóvenes no conocían su tierra natal. Pero todos ellos siempre habían soñado con regresar a Israel, tal y como demostraban sus cánticos.

Cuando por fin los israelitas pudieron tomar el camino de regreso, el profeta Ezequiel se encargó de recordarles cómo debían comportarse. Le preocupaba que se respetaran entre ellos y que adoraran a Dios del modo correcto.

Mucha gente viajó a Jerusalén. Estaban contentos de volver a casa. En cuanto Ciro dictó el decreto, todos se apresuraron a ayudar a los israelitas. Les ofrecieron ofrendas de plata y oro y otros bienes valiosos para construir el Templo de Dios.

# La reconstrucción del Templo

Esdras 3

Al volver a Jerusalén, los israelitas construyeron un altar en el mismo lugar en que el ejército de Nabucodonosor había destruido el Templo erigido por Salomón.

Después, canteros y carpinteros se pusieron a trabajar. Gracias a todas las ofrendas que habían recibido, pudieron comprar la mejor madera de cedro en Tiro y Sidón. El rey Ciro les había dado permiso para utilizar la madera más valiosa y llevársela a Jerusalén.

La construcción del Templo de Dios comenzó en primavera, dos años después de regresar a Jerusalén. Todos aquellos que habían podido salir de Babilonia participaron en los trabajos.

Al terminar los cimientos, los sacerdotes se vistieron con las túnicas y se pusieron a tocar el clarín y el címbalo. Tal y como había hecho el rey David, entonaron salmos para alabar y dar las gracias a Dios:

*¡Dios nuestro Señor es bondadoso!*
*¡Amará siempre al pueblo de Israel!*

Después, todo el pueblo dio un grito de alabanza a Dios, pues los cimientos del Templo ya estaban construidos.

185

# El Templo se termina
# y se consagra

Esdras 6:15-18

Tardaron muchos años en construir el Templo. Pero cuando por fin estuvo terminado, quedó precioso.

Se consagró con todos los honores con la intención de que se convirtiera en un lugar sagrado para adorar a Dios. Fue una ocasión única para que el pueblo de Israel volviera a Jerusalén después de vivir todos aquellos años en Babilonia.

Durante la ceremonia de consagración se ofrendaron animales a Dios. Después, los sacerdotes y los demás trabajadores del Templo se dividieron en equipos para conservarlo y servir a Dios como merecía, tal como había dicho Moisés.

El pueblo de Israel irradiaba felicidad: estaban de nuevo en su patria y habían construido una maravillosa casa para Dios en el centro de la capital.

# Celebración de la Pascua

### Esdras 6:19-22

Un mes después, los israelitas se prepararon para celebrar la Pascua.

Los sacerdotes y demás trabajadores del Templo siguieron todo el ritual de esta celebración. Se lavaron de determinada manera, dieron gracias a Dios y rezaron las oraciones adecuadas para la ocasión.

Después, sacrificaron un cordero en honor de todos los que habían vuelto del exilio y se lo comieron.

Los israelitas que habían regresado de Babilonia se reunieron con muchos de sus vecinos. Algunos habían olvidado su verdadera religión y empezaban a idolatrar a otros dioses, pero se dieron cuenta de su error. Ahora querían adorar al Dios único y verdadero.

El pueblo de Israel vivió aquella Pascua con mucha alegría.

# Jerjes busca reina

Ester 1:1-2:4

En Babilonia, Jerjes, el nuevo rey de Persia, estaba enfadado con su reina consorte, Vasti. Esta lo había ridiculizado delante de sus amigos, de manera que decidió echarla de palacio y nombrar una nueva reina.

El rey encargó a sus sirvientes que localizaran a las mujeres más hermosas del país y las llevaran a palacio. Antes de conocer al rey, las mujeres eran recluidas todo un año en un ala del edificio, donde recibían todos los cuidados y se sometían a exquisitos tratamientos de belleza. Les daban masajes con aceite de mirto y perfumes y ungüentos aromáticos para que estuvieran lo más bellas posible para el rey.

Jerjes veía a las mujeres de una en una. Después de pasar un tiempo con el rey, ellas regresaban con las demás. No volvían a ver al rey a no ser que él lo pidiera expresamente.

# Ester se convierte en reina

Ester 2:5-11, 17

Una muchacha llamada Ester se convirtió en una de las favoritas del rey. Era huérfana y había sido adoptado por un primo suyo mayor que la trataba como a una hija. Su padre adoptivo, Mardoqueo, era un hebreo de la tribu israelita de Benjamín cuya familia se había exiliado a Babilonia con el rey Nabucodonosor.

Ester no le decía a nadie que era judía porque Mardoqueo se lo había prohibido. La quería mucho y pensó que sería mejor que nadie supiera el origen de su familia. Iba a visitarla cada día a palacio para ver cómo estaba.

Ester despertaba el cariño de todo el mundo y la gente la trataba de una forma muy especial.

Cuando le llegó el turno de presentarse ante el rey, Jerjes pensó que aquella era la mujer más hermosa que había visto jamás. Se enamoró de ella al instante y la convirtió en su reina consorte.

# El banquete de Ester

Ester 2:19-22

Para celebrar que Ester sería la nueva reina consorte, el rey organizó un gran banquete en su honor. Invitó a todos los nobles y oficiales de la corte. Además de agasajarlos con exquisiteces, los obsequió con magníficos regalos. Asimismo, declaró que aquel día debía convertirse en fiesta nacional.

Poco después, el padre adoptivo de Ester, Mardoqueo, se enteró de que dos guardias tramaban asesinar a Jerjes. Enseguida fue a contárselo a Ester, que a su vez se lo dijo al rey. Jerjes pidió a su gente de confianza que averiguara si era verdad, la cual acabó por confirmarlo. Detuvieron a los guardias enseguida. Ester se aseguró de que el rey Jerjes supiera que Mardoqueo le había salvado la vida.

Después de aquello el rey quiso a Ester más que nunca.

# Los planes de Amán

Ester 3; 5:14

Amán era un noble orgulloso que trabajaba para el rey. Quería que todo el mundo le hiciera la reverencia, pero Mardoqueo se negaba.

—¿Por qué no te arrodillas? —le preguntaban.

—Porque soy hebreo, un judío —contestaba él—. Solo me arrodillo ante Dios.

Amán estaba furioso. Quería acabar con él y con los demás judíos. De modo que empezó a decirle al rey que los judíos eran peligrosos.

—No acatan nuestras normas —le dijo—. No podemos permitirlo. Si me dáis vuestro consentimiento ordenaré que los maten.

—Haz lo que te plazca con ellos —le contestó el rey.

Entonces le entregó un anillo con el que podría firmar decretos en su nombre.

Amán ordenó a los gobernadores del rey que mataran a todos los judíos el decimotercer día del mes.

Orgulloso de su plan, mandó construir una horca para colgar a Mardoqueo y a los demás judíos.

# Mardoqueo pide ayuda

Ester 4; 5:1-8

Al enterarse de los planes de Amán, Mardoqueo sintió un gran temor. Sabía que era uno de los nobles más poderosos del rey Jerjes, quien siempre hacía caso de sus sugerencias.

Mardoqueo le envió un mensaje a Ester para que fuera a ver al rey y le pidiera que salvara a su pueblo. La ley decía que, a riesgo de ser ejecutado, nadie podía visitar al rey si no era este quien lo llamaba.

Al principio Ester estaba temerosa de infringir las leyes, pero Mardoqueo la convenció.

—Piensa que quizá Dios haya querido que seas reina para salvar a nuestro pueblo —le dijo.

—De acuerdo, iré a ver al rey aunque vaya en contra de la ley —dijo Ester—. Si tengo que morir, que así sea.

Ester se puso el vestido real y fue a ver al rey. Afortunadamente él se puso muy contento al verla y la perdonó por haberse presentado sin que él lo solicitara.

—¿Qué querías, Ester? —le preguntó.

—Me gustaría invitaros a cenar a ti y a Amán —contestó ella.

El rey aceptó enseguida la invitación y mandó a buscar a Amán.

Ester compartió una agradable velada con los dos hombres y les pidió que volvieran la noche siguiente. Así que el rey y Amán volvieron a cenar con Ester, y de nuevo pasaron una agradable velada.

# El rey ayuda al pueblo judío

Ester 7:1-4

El rey quería compensar a Ester.

—Mi reina, ¿qué puedo hacer por ti? Pídeme lo que quieras y te lo concederé.

Ester se armó de valor y pensó que había llegado el momento de cumplir la promesa que le había hecho a Mardoqueo. Tras el banquete el rey estaba muy contento, así que Ester esperaba que aceptara su petición.

—Por favor, salva la vida a mi pueblo —le pidió.

—¿A qué te refieres? —exclamó el rey.

—Mi pueblo va a morir —dijo Ester—. Estamos en peligro por culpa de un enemigo cruel.

El rey no daba crédito a sus palabras.

—¿Quién ha osado hacer eso? —preguntó.

—Amán —contestó ella.

Cuando Ester le hubo contado la historia, el rey se enfadó tanto que mandó ejecutar al noble.

Poco después, cambió la ley para garantizar la seguridad de los judíos.

Mardoqueo estaba muy orgulloso de lo que había conseguido Ester.

# El pueblo judío sale victorioso

Ester 8:8-9:32

El rey Jerjes cedió las tierras y las casas de Amán a Ester.
Después llamó a Mardoqueo a palacio y le ofreció el trabajo que
desempeñaba el noble.

Mardoqueo se convirtió en el segundo hombre más importante
del reino. Trabajó mucho para que su pueblo estuviera feliz y
seguro. El rey lo tenía en gran consideración, al igual que todos
los judíos.

Desde entonces, el pueblo judío celebra todos los años la valentía
y el coraje de Ester con la fiesta del Purim.

# Esdras vuelve a Jerusalén

Esdras 7

Aunque muchos judíos regresaron a Jerusalén, otros se quedaron
en Babilonia. Uno de ellos, el sacerdote Esdras, quería regresar
también a casa. Para ello le pidió permiso al rey Artajerjes
de Persia.

El rey le dio su bendición y muchas ofrendas para el Templo.
Pero cuando Esdras llegó a Jerusalén, no podía creer lo que veían
sus ojos: el pueblo estaba enzarzado en peleas y desobedecía las
leyes de Dios. Y, lo que era aún peor, adoraban estatuas de
otros dioses.

# La tristeza de Nehemías

Nehemías 1:1-2:3

El rey Artajerjes tenía un sirviente llamado Nehemías encargado de traerle el vino. Nehemías era judío, y muchos de sus parientes habían regresado a Jerusalén.

Un buen día se presentaron unos hombres de Judea en la corte y Nehemías les preguntó por los judíos de Jerusalén.

—Las cosas allí están muy mal —le dijeron—. El pueblo ha olvidado a Dios, las murallas se han venido abajo y el fuego ha destruido las puertas de entrada a la ciudad.

Nehemías se preocupó mucho al oír esto. Rezó a Dios para que tuviera compasión de su pueblo, perdonara sus pecados y los ayudara.

Cuando fue a llevarle una copa de vino al rey, no pudo ocultar su tristeza.

—¿Qué te ocurre? —le preguntó Artajerjes—. Pareces preocupado.

Nehemías, que al principio estaba temeroso, terminó contándole al rey la verdad.

—La ciudad de mis antepasados ha sido destruida —dijo—, y sus puertas han sido pasto de las llamas. Estoy muy triste, majestad.

# Las cartas de Artajerjes

Nehemías 2:4-8

—No me gusta verte triste —le dijo el rey—. ¿Cómo podría ayudarte?

—Majestad, me gustaría regresar a Jerusalén para ayudar a reconstruir la ciudad.

—¿Cuántos días de viaje son? —preguntó el rey—. ¿Y cuándo regresarás?

Después de que Nehemías le hubo contestado a sus preguntas, Artajerjes dejó que el muchacho se marchara.

—Majestad, ¿podríais escribir algunas cartas a los gobernadores de los países que debo atravesar para que garanticen mi seguridad y así pueda llegar sano y salvo a casa? —le pidió Nehemías—. Asimismo, también os quería pedir que escribáis otra para el vigilante del bosque del rey, para que me proporcione madera. Con ella podré construir travesaños para las puertas del patio del Templo, las murallas de la ciudad y mi propia casa.

El rey Artajerjes le entregó a Nehemías todas las cartas que le pidió. Además, ordenó a unos soldados que lo acompañaran hasta que llegara a su destino.

# Nehemías reconstruye las murallas

Nehemías 2:11-7:3

Al llegar a Jerusalén, Nehemías se puso a planificar la reconstrucción de la ciudad. Primero rodeó las murallas a lomos de una mula para ver exactamente lo que tenía que hacer. No había duda de que le esperaba un duro trabajo.

Después organizó una multitudinaria reunión con todos los sacerdotes y las personalidades de Jerusalén.

—Tenemos que volver a levantar las murallas de la ciudad —les dijo—. Nuestros enemigos creen que somos débiles y que pueden atacarnos. Hay que demostrarles nuestra fortaleza. Dios me ha permitido venir hasta aquí y me ha ofrecido la protección del rey Artajerjes. Dios nos ayudará si confiamos en él.

Todos estuvieron de acuerdo con Nehemías, de modo que se organizaron en grupos de trabajo. Como tenían muchos enemigos, los grupos se organizaron por turnos para trabajar y vigilar que nadie les atacara. Trabajaron de sol a sol y rezaron a menudo. Poco a poco, las murallas eran cada vez más altas.

# Esdras lee las enseñanzas de Moisés

Nehemías 8-9

Al final terminó el proceso de reconstrucción y el pueblo pudo sentirse orgulloso otra vez de su ciudad. Había llegado el momento de consagrar de nuevo el Templo y enseñarle la casa de Dios a todo el mundo. Nehemías, que ahora era el gobernador de la ciudad, ordenó que viniera el sacerdote Esdras para que explicara a todos cómo había que adorar a Dios.

Esdras era un hombre muy sabio. Conocía muy bien la Biblia y los mandamientos que Dios había dado a conocer a través de Moisés. Convocó a todo el mundo a una reunión al aire libre en el centro de la ciudad.

Se construyó una tarima de madera para que todos pudieran verlo y escucharlo. Esdras se subió a la tarima y se puso a leer las leyes de Moisés. Todos escucharon atentamente.

Enseguida se dieron cuenta de que no habían obrado de acuerdo con los mandamientos de Dios. Muchos se pusieron a sollozar.

—Somos pecadores —decían—. ¿Qué vamos a hacer?

—No estéis tristes —les confortaba Esdras—. Si os arrepentís, Dios os perdonará.

—Hoy es un día sagrado —dijo Nehemías—. Id a casa y celebradlo. Compartid vuestra comida con quien no tenga para comer. Dios os dará alegría y fuerza.

El pueblo comenzó a celebrarlo con gran júbilo. Habían escuchado las palabras de Dios y las habían entendido.

Ahora sabían que querían adorar a Dios como merecía. Quedaba poco para la Fiesta de los Tabernáculos, con la que los judíos recordaban los cuarenta años que habían pasado en el desierto, pero ya nadie se acordaba de celebrarla. Esdras les contó la historia de aquella tradición y todos estuvieron encantados de recuperarla. Había llegado el momento de empezar de nuevo.

Porque para Dios
no hay nada imposible.

*Lucas 1:37*

# Historias de la Biblia
# Nuevo Testamento

# Un ángel habla con Zacarías

Lucas 1:5-25

El sacerdote Zacarías y su mujer Elisabet llevaban muchos años casados y anhelaban un hijo. Pero el bebé no llegaba. Ahora eran tan mayores que podrían ser abuelos.

Un día Zacarías estaba solo en la parte más sagrada del Templo cuando vio un ángel junto al altar.

—No temáis —le dijo el ángel—. Tus oraciones han sido escuchadas. Elisabet y tú tendréis un hijo al que llamaréis Juan. Será un niño muy especial y se convertirá en un gran profeta. Él abrirá el camino para el rey prometido por Dios.

—Pero esto no es posible —respondió Zacarías—. Elisabet y yo somos demasiado ancianos para tener hijos.

—Para Dios no hay nada imposible —contestó el ángel—. Pero puesto que no has creído mis palabras, te quedarás mudo hasta que esto que te he dicho suceda.

Afuera, el pueblo estaba impaciente porque Zacarías tardaba mucho en salir del Templo. Cuando finalmente apareció fue incapaz de articular palabra, y todos se dieron cuenta de que había tenido una visión.

# Dios manda un mensaje a María

Lucas 1:26-38

En Nazaret, una pequeña ciudad de
Galilea, al norte de Israel, vivía una
muchacha llamada María. Estaba
prometida a José, que era carpintero.
Un día, cuando María estaba sola, notó
un extraño resplandor en la habitación.
Al levantar la mirada, vio un ángel.

—No tengas miedo —le dijo el
ángel—. La paz sea contigo, María.
El señor Dios me envía con un mensaje para ti.
Vas a tener un hijo muy especial, el Hijo de Dios,
al que llamarás Jesús.

—¿Cómo es posible? —preguntó María sorprendida.

—No hay nada imposible si confías en Dios —le dijo el ángel.
¿Te acuerdas de tu prima Elisabet, que creía que nunca podría
tener hijos? Ella también está esperando un niño.

María confió en Dios
y supo que no debía hacer
más preguntas.

—Soy la sierva de
Dios —dijo—. Haré
todo lo que Él me pida.

# María visita a Elisabet

Lucas 1:39-56

Poco después,
María fue a visitar
a su prima Elisabet.
Al verla, Elisabet notó
que el bebé saltaba de
alborozo en su vientre.
Ella sabía que el hijo
de María sería el
Salvador que Dios
había prometido que
enviaría a su pueblo.
Estaba muy contenta
y le pidió a Dios que
bendijera a María y a
aquel niño tan especial
que tenía que nacer.

María entonó un cántico
para alabar a Dios, por enviarle
un hijo que salvaría al pueblo de Israel, levantaría a los humildes,
alimentaría a los hambrientos y traería la esperanza a los que
carecían de amor.

María se quedó tres meses con su prima, y pocos días antes
de que naciera el hijo de Elisabet regresó a Nazaret con su
prometido José.

# El nacimiento de Juan el Bautista

Lucas 1:57-80

El nacimiento del hijo de Elisabet y Zacarías llenó de alegría a todos sus amigos y vecinos.

—El Señor os ha bendecido con este niño —les decían—.
Pero Zacarías seguía sin poder hablar.

Cuando llegó el momento de ponerle un nombre, todo el mundo dijo:

—Tenéis que llamarlo Zacarías, como su padre.

—No, lo llamaremos Juan —contestó Elisabet.

—Pero si ni en tu familia ni en la de tu marido hay ningún Juan — insistían con sorpresa sus allegados.

En aquel momento, Zacarías escribió en una pequeña losa y con grandes letras:

"Se llama Juan", y la enseñó a todos los presentes. Sus amigos y vecinos se quedaron estupefactos. Casi al instante, Zacarías recuperó el habla y pudo decirle a todo el mundo que su hijo debía llamarse Juan.

# Nacimiento de Jesús

## Lucas 2:1-7

Augusto, el emperador de Roma, quería saber cuánta gente vivía en el imperio para asegurarse de que todo el mundo pagaba sus impuestos. Para ello dio a conocer un edicto por todo el Imperio romano para que los ciudadanos regresaran a la ciudad de origen de sus familias y así poder inscribirse en el censo.

La familia de José era de Belén, una ciudad de Judea, así que se dirigió hacia allí con María, que ya era su esposa. El viaje fue largo y pesado, sobre todo para María. Su bebé iba a nacer en cualquier momento. Por fin, después de muchos días y noches, llegaron a Belén.

Había un gran bullicio en la ciudad, puesto que era mucha la gente que había acudido hasta allí para registrarse en el censo.

María y José buscaron un sitio para pasar la noche, pero todas las posadas estaban llenas. Al final, cuando ya pensaban que no encontrarían cobijo, un posadero les dijo que podían quedarse en su establo.

Aquel lugar, repleto de animales, estaba sucio y olía muy mal. Pero al menos era un sitio calentito y seco donde María podría descansar.

Aquella misma noche, nació Jesús. María envolvió al bebé en trozos de paño, como hacían todas las madres en aquella época. Como no tenían cuna para Jesús, María lo puso con cuidado en un pesebre de paja limpia. Muy pronto el niño Jesús se quedó dormido.

# Los pastores visitan a Jesús

## Lucas 2:8-20

Esa noche, como de costumbre, los pastores cuidaban de sus ovejas en las montañas cercanas a Belén.

De repente, vieron una llama de luz cegadora en el cielo, y a los pocos segundos apareció ante ellos un ángel del Señor. Estaban muy atemorizados y se cubrieron los ojos. No entendían nada de lo que estaba sucediendo.

—No temáis —dijo el ángel—. Traigo buenas nuevas que llenarán de alegría a todo el mundo. En Belén ha nacido un niño muy especial. Es el rey que prometió Dios y que será vuestro Salvador. Id a verlo. Lo encontraréis durmiendo en un pesebre.

Entonces el cielo se llenó de ángeles que cantaban:

"Gloria a Dios en el cielo y paz a todos los hombres en la Tierra".

Los ángeles desaparecieron y el cielo se oscureció otra vez. Los pastores sabían que aquello no había sido un sueño, así que, después de guardar sus rebaños, partieron apresuradamente a Belén a ver al niño, el rey prometido por Dios.

Los pastores encontraron a María y a José con su niño en Belén, tal como el ángel había dicho. Cuando vieron al bebé dormido sobre la paja, se arrodillaron y le adoraron.

Los pastores contaron a María y a José todo lo que el ángel les había explicado mientras cuidaban de sus rebaños esa noche. Después regresaron al campo, y en el camino de vuelta cantaron canciones de alabanza a Dios. Nunca olvidarían la noche del nacimiento de Jesús.

# Los Reyes Magos siguen la estrella

Mateo 2:1-8

Cuando Jesús vino al mundo, tres reyes de Oriente vieron una estrella que brillaba en el cielo. Enseguida supieron que era una señal de que había nacido un gran rey, de manera que decidieron seguirla.

Hicieron el equipaje con todo lo necesario y añadieron varios regalos para obsequiar a aquel niño tan especial. Una vez lo tuvieron todo listo, emprendieron el camino. Tras muchos días y muchas noches, por fin llegaron a Jerusalén.

Una vez allí, se dirigieron directamente al palacio.

—¿Dónde está el bebé que ha nacido para ser el rey de los judíos? —preguntaron—. Hemos visto su estrella y hemos venido a adorarlo.

El rey Herodes se puso furioso. Llamó a sus consejeros y les preguntó dónde podía encontrar al nuevo rey.

—Los profetas de Dios escribieron que el nuevo rey nacería en Judea, en Belén —le contestaron.

Al oír aquello, Herodes envió a los tres Reyes Magos a Belén a buscar al pequeño.

—Regresad y decidme dónde lo habéis encontrado —les encargó—. Yo también tengo un obsequio para él.

# La huida a Egipto

Mateo 2:9-23

Los Reyes Magos abandonaron Jerusalén y se pusieron muy contentos al ver que la estrella los guiaba de nuevo. Cuando esta se detuvo sobre una casa en Belén, supieron que por fin habían encontrado a su rey. Al ver al niño Jesús con su madre, María, se arrodillaron ante él y le ofrecieron sus presentes: oro, incienso y mirra.

Dios sabía que Herodes quería matar al niño Jesús. Por eso, en un sueño, advirtió a los tres Reyes Magos de que no volvieran al palacio de Herodes, como habían prometido, sino que regresaran a casa por otro camino.

Después envió otro mensaje a José.

—Herodes quiere matar al niño —dijo el mensajero—. Debes huir rápidamente con él y María hacia Egipto. Quedaos allí hasta que yo te avise.

José y María recogieron sus cosas y en plena noche partieron con Jesús en dirección a Egipto. Allí se quedaron hasta que fue seguro volver a Nazaret.

# El niño Jesús visita el Templo

Lucas 2:41-52

Un día, cuando Jesús tenía doce años, María y José se lo llevaron a Jerusalén a celebrar la Pascua, una festividad que duraba una semana entera.

Al término de la celebración, emprendieron el largo camino de vuelta. María y José pensaron que Jesús iba con alguien de su familia, que era muy numerosa, así que no se preocuparon aunque llevaban un rato sin verlo. Sin embargo, al anochecer, cuando volvieron a reunirse para cenar, se dieron cuenta de que nadie sabía dónde estaba el pequeño.

María y José buscaron a Jesús por todas partes. Preguntaron a la familia y a los amigos, pero nadie lo había visto. Aquella noche la pasaron despiertos y muy preocupados, pensando si Jesús estaría bien o, por el contrario, le había sucedido algo malo.

En cuanto amaneció el nuevo día, se pusieron a buscarlo otra vez. Se separaron del grupo con el que viajaban y regresaron a Jerusalén.

Al llegar a la ciudad, tampoco encontraron a su hijo por ninguna parte y empezaron a angustiarse. Por fin, tres días después fueron al Templo. Y allí lo encontraron. Estaba sentado tranquilamente con los sacerdotes que le enseñaban las leyes de Dios. Jesús escuchaba con gran atención y les hacía preguntas. Los que le oían se maravillaban de lo bien que entendía las enseñanzas.

Pero María y José estaban enfadados.

—Tu padre y yo hemos estado buscándote por todas partes —le dijo María—. Estábamos muy preocupados. ¿Por qué nos has hecho esto?

Jesús se sorprendió.

—Pensé que sabríais que iba a estar aquí, en la casa de mi Padre —les dijo.

En aquel momento, María y José no entendieron lo que quería decir Jesús. Pero estaban muy contentos de haberle encontrado sano y salvo.

Retomaron el camino de vuelta a casa una vez más y Jesús no se despegó de sus padres ni un solo instante.

# Juan el Bautista

Mateo 3:1-12; Marcos 1:2-8; Lucas 3:1-18

Pasaron los años, y Zacarías y Elisabet,
la prima de María, criaron a su hijo
Juan para que fuera bueno y siguiera
las leyes de Dios.

Cuando se hizo mayor, quiso
pasar un tiempo solo para descubrir
qué camino le había reservado Dios.
De modo que se fue a vivir al desierto
de Judea. Allí la vida no era fácil,
pero Juan estaba demasiado ocupado
hablando con Dios para preocuparse
por las incomodidades.

—Juan, quiero que seas
mi mensajero —le dijo Dios—.
Debes predicar mi palabra al pueblo.

Y esto es lo que hizo. La gente venía de muy lejos para
escucharlo.

—Pronto va a llegar el rey prometido por Dios —les decía—.
Pedid perdón a Dios si habéis obrado mal. Rectificad y Él os
perdonará.

Muchos estaban arrepentidos de haber infringido las leyes
de Dios, de modo que Juan los llevó al río Jordán y les sumergió
la cabeza en el agua. A este acto se le llama "bautismo". Era una
señal de que habían lavado sus pecados y Dios los había perdonado.

# Juan bautiza a Jesús

Mateo 3:13-17; Marcos 1:9-11; Lucas 3:21-22

El pueblo comenzó a preguntarse si Juan podía ser el rey que Dios había prometido, pero él les decía:

—Alguien mucho más grande que yo vendrá pronto, y yo no soy digno ni de quitarle las sandalias.

Un día Jesús fue a verle a orillas del Jordán.

—Acabo de llegar de Nazaret —le dijo—. ¿Podrías bautizarme también a mí?

Juan supo inmediatamente que él era el rey prometido por Dios.

—Eres tú quien tienes que bautizarme a mí, Señor —dijo Juan arrodillándose.

—Son los designios de Dios —insistió Jesús. Así que Juan lo bautizó en el Jordán.

Cuando Jesús salió del agua, el espíritu de Dios en forma de paloma se posó sobre él y una voz del cielo dijo:

—Este es mi hijo bienaventurado, y yo estoy muy satisfecho de él.

# La tentación de Jesús

### Mateo 4:1-11; Lucas 4:1-13

Jesús sabía que Dios tenía grandes cosas pensadas para él, así que decidió vivir un tiempo solo en el desierto. Quería rezar y pensar en su cometido.

Estaba tan ocupado rezando y pensando que perdió la noción del tiempo. Pasaron cuarenta días sin que comiera ni bebiera. Estaba hambriento y cansado, ocasión que aprovechó Satanás para enfrentarle a Dios.

—Si eres el hijo de Dios, debes poder hacer lo que desees —le dijo a Jesús retándolo—. ¿Por qué no conviertes estas piedras en pan?

Pero Jesús estaba preparado para enfrentarse a Satanás.

—Las Escrituras dicen que no solo de pan vive el hombre —le contestó—. Nada hay tan importante como la palabra de Dios.

Satanás lo intentó de nuevo. Llevó a Jesús a la ciudad santa y le hizo subir a la parte más alta del tejado del Templo.

—Si de verdad eres el hijo de Dios, tírate del tejado. Seguro que Dios enviará a sus ángeles para que te salven.

Estas palabras enojaron a Jesús, que le respondió:

—Las Escrituras dicen que no hay que poner a prueba a Dios.

Pero Satanás no pensaba rendirse. Entonces llevó a Jesús a la cima de una montaña muy alta, desde donde se podían ver tierras lejanas y maravillosas.

—Todo esto será tuyo si te postras y me adoras —le tentó Satanás.

Jesús había llegado al límite.

—¡Aléjate de mí, Satanás! —le gritó—. Yo solo adoro y sirvo a mi Dios.

Sabiéndose derrotado, Satanás desapareció. Después, Dios mandó ángeles con comida y bebida para calmar el hambre y la sed de Jesús.

# Jesús llama a los primeros discípulos

Lucas 5:1-11; 27-31; Juan 1:34-51

Un día, Jesús predicaba junto al lago de Genesaret. El pueblo se fue acercando para escucharlo, y en poco tiempo se formó una gran multitud. Todo el mundo quería oír lo que tenía que decir. Poco a poco la multitud se puso a empujar para acercarse más a él, hasta que Jesús quedó muy cerca del agua.

Entonces vio dos pescadores que arrastraban sus barcas hacia la orilla.

—¿Podrías alejarme un poco de la orilla? —le preguntó a uno de ellos.

El hombre, que se llamaba Simón, estuvo encantado de ayudarlo. De modo que Jesús se subió a la barca y Simón remó un poco mar adentro. Al poco rato, Jesús pudo predicar desde el agua.

Cuando terminó sus enseñanzas, le dijo a Simón que remara hacia el interior del lago y que echara las redes en el agua.

—No hemos pescado nada en toda la noche —dijo Simón—. Pero haré lo que me pides.

Simón y Andrés, su hermano, obedecieron a Jesús. Remaron hasta situarse en medio del lago y después echaron las redes. Casi al instante, estas se llenaron de peces, tantos que Simón pensó que la barca naufragaría y pidió ayuda a sus amigos, que iban en otra barca:

—¡Santiago! ¡Juan! ¡Venid a ayudarnos!

Los pescadores no podían creer lo que veían. Habían sido testigos de un suceso excepcional.

—No temáis —dijo Jesús cuando las barcas atracaron en la orilla—. ¡Seguidme! Desde ahora seréis pescadores de hombres, no de peces.

En los meses siguientes, Jesús pidió a otras personas que lo siguieran. Al final, consiguió reunir a doce hombres de su confianza para que lo ayudaran en su trabajo. Estos hombres eran sus discípulos.

# Las bodas de Caná

Juan 2:1-10

Un día, invitaron a Jesús, a su madre y a sus discípulos a una boda en Caná. Todo marchaba bien hasta que, a mitad del convite, se acabó el vino.

"¿Qué voy a hacer ahora?", pensó el hombre que servía las mesas. "Si no hay vino no puede haber celebración".

María, que ayudaba a servir en el convite, llamó a Jesús y le susurró:

—Tienes que hacer algo. Si se acaba la fiesta los recién casados se disgustarán.

—Todavía no ha llegado mi hora —le contestó Jesús.

Pero María estaba convencida de que Jesús encontraría la solución en el momento adecuado.

—Haced lo que mi hijo os pida —dijo a los sirvientes.

Y Jesús, que se hallaba cerca de seis tinajas grandes, dijo:

—Llenadlas de agua —ordenó tranquilamente—. Después servid un poco de ese agua en un vaso y llevádselo al hombre que sirve las mesas.

Los sirvientes hicieron lo que Jesús les dijo.

—¡Delicioso! —exclamó el hombre relamiéndose, ya que el agua se había convertido en un vino tinto estupendo—. ¡Llenad las copas de los invitados! ¡Hemos dejado el mejor para el final!

Solo Jesús y los sirvientes sabían qué había sucedido en realidad: ¡se había obrado un milagro!

# Jesús y Nicodemo

Juan 3:1-8

Nicodemo era un respetado dirigente de los judíos. Cuando se interesó por las enseñanzas de Jesús, temió que otros reprobaran su actitud.

"Tengo que hablar con Jesús sin que nadie lo sepa", pensó. "Lo visitaré por la noche, así nadie me verá". Y así lo hizo.

—Quiero saber más —le dijo a Jesús cuando por fin se halló ante él—. Percibo que eres un enviado de Dios. ¿Cómo sino podrías obrar tantas maravillas?

—Si de verdad quieres saber más acerca del reino de Dios, deberás volver a nacer —le contestó Jesús.

—¿Cómo puedo volver a nacer? —preguntó Nicodemo, confuso—. Soy un anciano.

—Esto no significa que debas ser un niño de nuevo —explicó Jesús—. Para entrar en el reino de Dios, es tu espíritu el que debe volver a nacer. A Dios no le interesa lo importante, listo o grande que seas. Quiere que tu corazón se abra a él, como el de un niño.

Las palabras de Jesús hicieron reflexionar profundamente a Nicodemo.

# Jesús y la samaritana

Juan 4:1-26

Un día muy caluroso Jesús viajaba por Samaria.
Estaba descansando junto a un pozo cuando una
samaritana se acercó a sacar agua.

—¿Podrías darme agua? —le pidió.

La mujer se sorprendió de que se
dirigiera a ella, pues muchos judíos no
tenían trato con los samaritanos porque
sus tradiciones religiosas eran distintas.

—¿Por qué me la pides a mí?
—dijo—. ¿No sabes que soy samaritana?

—Si supieras quién soy, tú también
me la habrías pedido a mí —contestó
Jesús—. Puedo darte el agua de la
vida eterna. Si la tomas nunca más
volverás a estar sedienta.

—Eso sería maravilloso —dijo
la samaritana.

—Ve a buscar a tu marido para que beba él también —dijo Jesús.

—No tengo marido —dijo ella.

Pero Jesús ya lo sabía; en realidad lo sabía todo acerca de ella
aunque acabaran de conocerse.

La mujer estaba sorprendida.

—¿Cómo es que sabes tantas cosas de mí? —exclamó—. ¡Debes
de ser el Mesías!

Y se alejó de allí corriendo para contárselo a los demás samaritanos.

225

# El paralítico y sus amigos

Marcos 2:1-12; Lucas 5:17-26

Un día, Jesús predicaba en una casa de Capernaum. En cuanto corrió la voz de que estaba en la ciudad, la multitud se arremolinó afuera con la esperanza de verlo. Entonces llegaron cuatro hombres que llevaban a un amigo paralítico en una camilla.

—¡Dejad paso! —gritaron, intentando abrirse camino entre el gentío—. Nuestro amigo no puede caminar. Tenemos que ver a Jesús.

Pero no era nada fácil, ya que había mucha gente y mucho ruido.

—No hemos venido hasta aquí para nada —dijo uno de ellos.

Entonces urdieron un plan.

Subieron a su amigo al tejado de barro de la casa y excavaron un agujero.

Después, lo bajaron a través de la abertura, justo encima de donde Jesús estaba predicando.

Al ver lo que aquellos hombres habían hecho por su amigo, Jesús se

emocionó por su fe y su insistencia.

—Tus pecados han sido perdonados —dijo, y se dispuso a ayudar al paralítico.

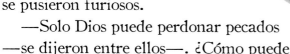

Aquel día había algunos líderes religiosos entre la multitud y, al oír las palabras de Jesús, se pusieron furiosos.

—Solo Dios puede perdonar pecados —se dijeron entre ellos—. ¿Cómo puede decir esas cosas?

Jesús sabía lo que los maestros estaban pensando.

—¿Por qué pensáis así? —les preguntó—. ¿Qué es más fácil, decirle que sus pecados han sido perdonados o que se levante y ande? Dios me ha concedido el poder para hacer ambas cosas. Espero que lo hayáis entendido.

Entonces Jesús volvió a dirigirse al hombre y le dijo:

—Levántate y anda.

El hombre se puso en pie y empezó a andar.

—¡Alabado sea Dios! —exclamó.

La gente no daba crédito a lo que veían sus ojos:

—¡Nunca habíamos presenciado nada semejante!

Se había obrado otro milagro.

# Felicidad verdadera

Mateo 5:1-12

Un día, en la ladera de una montaña de Galilea, Jesús explicó
las bienaventuranzas de Dios a un numeroso grupo de personas.
Les dijo que solo quienes se dieran cuenta de lo precioso que era
el reino de Dios lograrían ser felices.

—Dios consolará a los que lloran por sus muertos y recompensará
a los humildes. Felices serán los que quieren complacer a Dios y
cumplen sus deseos. Quien se porte bien recibirá bondad. Los puros
de corazón verán a Dios. Los que trabajen por la paz serán llamados
hijos de Dios. Si alguien os trata mal por cumplir las órdenes de
Dios, estad tranquilos, porque Dios tiene una recompensa para
vosotros en el cielo.

# Amaos los unos a los otros

Mateo 5:13-48

Para que la gente lo entendiera, Jesús utilizaba como ejemplos las cosas sencillas de cada día.

—Vosotros sois como la sal que conserva los alimentos —dijo—. Conservaréis el mundo de Dios para que no se estropee. Y vuestras buenas acciones serán como lámparas que iluminarán la oscuridad, alumbrando el mundo. Cuando la gente vea vuestras buenas obras alabarán a Dios.

Jesús también les recordaba que hay que seguir las leyes del Señor. Les decía que no se debe matar a nadie, y que también está mal enfadarse tanto como para desear matar a alguien.

—Dios quiere que amemos a nuestros enemigos —decía Jesús—. Quiere que seamos amables con los que nos hacen daño.

# La oración

Mateo 6:5-15

Jesús también les enseñó a rezar. Les dijo que debían retirarse a un lugar tranquilo donde poder reflexionar sobre todo aquello que deseaban hablar con Dios.

Jesús dijo:

—Esto es lo que deberíais decirle:

*Padre nuestro que estás en el cielo,*
*santificado sea tu nombre,*
*venga a nosotros tu reino,*
*hágase tu voluntad*
*en la tierra como en el cielo.*
*Danos hoy nuestro pan de cada día.*
*Perdónanos nuestras deudas,*
*como también nosotros hemos perdonado*
*a nuestros deudores.*
*Y no nos dejes caer en tentación,*
*mas líbranos del mal.*
*Amén.*

# De nada sirve preocuparse

Mateo 6:25-34; Lucas 12:22-31

Entonces Jesús dijo:

—Confiad en Dios y Él nunca os abandonará. No acumuléis riquezas en la tierra, sino en el cielo, donde Dios os dará lo que necesitéis. No os preocupéis por lo que vais a comer mañana. Si Dios cuida de los pájaros que vuelan a vuestro alrededor, ¿cómo no va a cuidar de vosotros?

No os preocupéis por la ropa. Dios ha vestido a las flores de los campos, y también os vestirá a vosotros.

# El prudente y el insensato

Mateo 7:24-27; Lucas 6:46-49

Un día Jesús contó la historia de dos hombres que querían construir una casa para ellos y sus familias.

—El hombre prudente —dijo Jesús— fue inteligente al decidir construir su casa sobre una roca sólida, una buena roca que se convirtió en los cimientos de la vivienda. Llegó el invierno y las lluvias y los fuertes vientos azotaron la casa, pero esta se mantuvo firme gracias a sus sólidos cimientos.

—Pero el otro hombre fue insensato —siguió explicando Jesús—. No pensó bien dónde construir su casa y lo hizo sobre la arena. Y, como no tenía cimientos, cuando llegaron las lluvias y las tormentas la casa se vino abajo.

Y añadió:

—Si seguís mis enseñanzas, vosotros también podréis construiros una casa con sólidos cimientos. Vivid vuestra vida según mis enseñanzas y también seréis fuertes como la casa de la roca.

# Jesús sana a un paralítico

Juan 5:1-9; Mateo 8:1-4

En Jerusalén había un estanque, llamado en hebreo Betesda, que de vez en cuando borboteaba como si un ángel removiera sus aguas. Cuando esto sucedía, la primera persona enferma que se sumergía en el estanque se curaba.

Un paralítico había estado varios años junto al estanque, sin poder meterse en sus aguas.

Un día Jesús lo vio y le preguntó:

—¿Quieres curarte?

—Sí —le contestó—. Pero nadie me ayuda a meterme en el agua cuando borbotea.

—Levántate y anda —le dijo Jesús.

El hombre obedeció: Jesús lo había curado.

Unos días después, un hombre enfermo de lepra se arrodilló delante de Jesús.

—Señor, sé que puedes curarme —le dijo.

Jesús extendió su mano y dijo:

—Cúrate. —Enseguida, el hombre sanó y la lepra desapareció.

# El sirviente del centurión

Mateo 8:11-17; Lucas 7:1-10

Poco después Jesús visitó Capernaum,
donde unos centuriones romanos
habían acampado. Los judíos no
solían tratarse con los soldados,
pero entre estos había un
centurión que era muy
amable con la gente del lugar.

Aquel día estaba muy
preocupado porque su sirviente
había enfermado.

Al enterarse de que Jesús estaba
en la ciudad, pidió a sus amigos judíos
que le hablaran del sirviente en su nombre.

Los amigos del centurión fueron a buscar a Jesús.

—Este centurión es un hombre bueno. Por favor, ayúdalo.

Jesús aceptó y se dirigió con los amigos a la casa del centurión.
Pero antes de llegar allí se cruzaron con un mensajero.

—El centurión cree que no es digno de que Jesús entre en su
casa. Dice que si Jesús se lo ordena, como él hace con sus soldados,
su sirviente se curará.

Entonces Jesús se dio la vuelta y habló a la multitud que lo
acompañaba:

—Pese a ser un romano, este hombre tiene una fe excepcional.

Y el sirviente se curó.

# Jesús amaina la tormenta

Marcos 4:35-41

Un buen día, después de predicar, Jesús les dijo a sus discípulos:

—Subamos a esa barca y crucemos el lago hasta llegar a la otra orilla.

Así que todos subieron a la barca y se hicieron a la mar. Como el agua mecía suavemente la barca, Jesús no tardó en dormirse. Estaba muy cansado después de haber predicado durante una larga jornada.

Pero el viento cambió de repente, y al instante se volvió muy fuerte y comenzó a formar unas enormes olas. Estas eran cada vez más grandes y pasaban por encima de la pequeña barca.

La tormenta empeoraba por momentos. Pero ni el ruido ni las sacudidas de la barca despertaron a Jesús.

Los discípulos estaban muertos de miedo y a la vez sorprendidos de que Jesús siguiera durmiendo.

—¡Maestro, despierta! ¡Vamos a morir! —gritaron.

Jesús se despertó y se levantó.

—¡Cálmate! —ordenó.

De pronto, el viento cesó y las aguas se calmaron.

# Jesús envía a los doce

Lucas 9:1-6

Un día, Jesús reunió a sus doce discípulos.

—Ha llegado el momento de que habléis de Dios al pueblo y de que sanéis a los enfermos —les dijo.

Entonces los juntó de dos en dos, y así cada uno tuvo un compañero de viaje. Les pidió que no se llevaran nada, ni siquiera ropa para cambiarse; tan solo que confiaran en la amabilidad de Dios y la gente que se irían encontrando.

Los discípulos se pusieron en camino, yendo de pueblo en pueblo, curando enfermos y contándole a todo el mundo la llegada del reino de Dios.

237

# Multiplicación de los panes y los peces

### Mateo 14:13-21; Juan 6:1-14

Conforme pasaba el tiempo, más gente quería escuchar a Jesús. Él hablaba durante horas, pero como era tan interesante todo lo que decía, nadie se daba cuenta de que el tiempo pasaba.

Un día, Jesús predicaba en el lago de Galilea. Al atardecer todavía quedaban unas cinco mil personas junto a él. Había sido un día largo y todos estaban hambrientos. Los discípulos también estaban cansados.

—Por favor, dile a la gente que se vaya —le pidieron a Jesús—. Diles que vayan a las granjas y a las aldeas a buscar comida.

—¿Por qué no les dais de comer vosotros mismos? —respondió Jesús.

Los discípulos estaban confundidos.

—¿Dónde conseguiremos comida para tanta gente? —preguntaron.

—Este niño ofrece cinco panes y dos peces, aunque está claro que no habrá suficiente para todos —dijo Andrés, uno de los discípulos de Jesús.

—Decidle a toda esta gente que se siente en la hierba —pidió Jesús.

Los discípulos obedecieron, mientras que Jesús tomó los panes y los peces que le ofrecía el chiquillo y dio las gracias a Dios. Entonces dio la comida a los discípulos, que empezaron a repartirla entre la gente. Todos pudieron comer lo que quisieron hasta quedar saciados.

Cuando hubieron acabado, Jesús mandó a sus discípulos que recogieran las sobras, con las que llenaron nada menos que doce cestas.

# Jesús camina sobre el agua

## Mateo 14:22-33

Tras aquella multitudinaria comida, Jesús pidió a sus discípulos
que le llevaran al otro lado del lago, mientras él se despedía de
sus fieles. Después se refugió en las colinas para rezar.

Aquella misma noche, cuando el viento empezó a
arreciar, los discípulos vieron a alguien caminando sobre
el agua.

—¡Debe de ser un fantasma! —gritaron asustados.

Pero Jesús los llamó:

—No temáis, soy yo.

—Si de verdad eres tú, Señor, pídeme que venga caminando hacia ti.

—Ven —dijo Jesús.

Pedro saltó por la borda y se puso a caminar en dirección a Jesús. Pero cuando se dio cuenta de que estaba en medio del lago, azotado por el viento, se asustó y comenzó a hundirse.

—¡Sálvame, Señor! —gritó.

Jesús le tendió la mano y lo agarró fuerte.

—¿Tan poca fe tienes? —le dijo—. ¿Por qué has dudado? Venga, volvamos a la barca.

Juntos, se subieron de nuevo a bordo. Los demás estaban maravillados:

—Sin duda alguna debe de ser el Hijo de Dios.

# Jesús cura a un ciego

Marcos 8:22-26

Jesús curó a muchos enfermos y discapacitados. Un día visitó un lugar llamado Betsaida. Allí, unas personas le acercaron a un hombre que había sido ciego toda su vida y le suplicaron que hiciera algo por él.

Jesús lo agarró de la mano y lo llevó a las afueras del pueblo. Entonces le tocó los ojos, le impuso las manos y le preguntó:

—¿Ves algo?

—Veo personas —dijo—. Parecen árboles en movimiento.

Jesús posó de nuevo sus manos sobre los ojos del ciego. Poco después, el hombre pudo verlo todo con gran claridad, como si nunca hubiera estado ciego.

—Ahora regresa a casa —le dijo Jesús.

# Pedro dice que Jesús es el Mesías

### Mateo 16:13-20

Las enseñanzas de Jesús y su fama por las cosas maravillosas que podía hacer se estaban extendiendo rápidamente. El pueblo se preguntaba quién era aquel hombre y qué significaban todas aquellas hazañas.

Un día Jesús les preguntó a sus discípulos:

—¿Quién cree la gente que soy?

Después de pensárselo un poco, ellos contestaron:

—Hay quien cree que eres Juan el Bautista. Otros te confunden con Elías u otro de los demás grandes profetas.

—¿Y vosotros, quién creéis que soy? —les preguntó.

—Eres el rey que Dios nos prometió, el Mesías. Eres el hombre que hemos estado esperando tanto tiempo — dijo Pedro.

Jesús se alegró al oír aquella respuesta, pero pidió a sus discípulos que no lo revelaran a nadie.

# La transfiguración
Mateo 17:1-8; Lucas 9:2-9

Más tarde, Jesús subió a la cima de una montaña escarpada con Pedro, Santiago y Juan para rezar. Jesús se arrodilló. Los tres discípulos estaban agotados, así que pronto se durmieron.

Pero de repente un gran resplandor los despertó. Al mirar a Jesús vieron que seguía siendo él, pero tenía un aspecto distinto. Su rostro y su vestimenta eran de una blancura cegadora. Junto a él había dos figuras igual de refulgentes. Los discípulos supieron entonces que se trataba de Moisés y el profeta Elías. Los tres hablaban de los planes que tenía Dios para Jesús, así como de su muerte.

Pedro estaba tan sorprendido que no podía articular palabra,
pero no quería quedarse callado. Así que dijo lo primero que le vino
a la cabeza.

—Señor, levantaremos tres tiendas, una para ti, otra para Moisés
y otra para Elías —balbuceó.

Justo entonces, una nube cruzó el cielo y se oyó la voz de Dios
que decía:

—Este es mi amado hijo. Escuchad lo que tiene que deciros.

Los discípulos se asustaron y ocultaron sus rostros. Cuando
volvieron a mirar, Jesús estaba solo otra vez y les decía que era
hora de regresar.

Mientras bajaban la montaña, Jesús les pidió que no contaran
a nadie lo que habían visto.

# Jesús anuncia su muerte a los discípulos

Mateo 17:22-23; 18:21-22; Marcos 9:30-32; Lucas 9:43-45

Consciente de que se acercaban momentos difíciles, Jesús supo que había llegado el momento de preparar a sus discípulos.

—Pronto deberé ir a Jerusalén —les dijo—. Los sacerdotes y líderes religiosos no creen que sea el hijo de Dios. Me matarán, pero resucitaré tres días después.

Los discípulos se sorprendieron.

—¡No, Señor! —gritó Pedro—. ¡Esto no puede sucederte a ti!

Pero Jesús le explicó que debía aceptar lo que iba a ocurrir y que confiara en Dios.

—Si me seguís, seréis víctimas de la adversidad y también sufriréis —les advirtió Jesús.

Jesús amaba a los discípulos, pero a veces le entristecían, sobre todo cuando discutían.

Un día, Pedro le preguntó:

—Señor, ¿cuántas veces debo perdonar a mi hermano si me enfurece? ¿Tal vez siete?

—No, no solo siete —contestó Jesús—. Debes perdonarle setenta veces siete veces, hasta que pierdas la cuenta.

# Enseñando a perdonar

Mateo 18:21-35

Más tarde, Jesús contó una historia sobre el perdón:

—Había una vez un terrateniente que quería asegurarse de que sus siervos iban a pagarle lo que le debían. Pero uno de ellos le debía 10.000 bolsas de oro y no podía devolvérselas.

"O me pagas o irás a la cárcel", lo amenazó el terrateniente.

"¡Por favor, ten piedad de mí!", gritaba el siervo.

El terrateniente, que era buena persona, decidió perdonarle la deuda.

Pero, ¿qué hizo el siervo entonces? Fue a buscar a un hombre que le debía 100 monedas de plata, que no era mucho pero sí más de lo que podía pagar. Lo agarró por el cuello y le exigió que le pagara lo que debía o iría a la cárcel.

Al enterarse de esto, el terrateniente se puso furioso.

"Yo te he perdonado una deuda muy grande", le dijo. "En comparación, estas monedas de plata no son nada. Mereces ir a la cárcel".

# Jesús, el buen pastor

Juan 10:1-15

Jesús contó muchas otras historias para que el pueblo supiera lo mucho que Dios lo quería. Un día habló de los pastores.

—Si alguien entra al redil de las ovejas trepando por la tapia en lugar de entrar por la puerta, seguro que no lleva buenas intenciones —dijo—. Los ladrones y salteadores trepan por las paredes. Pero el pastor que cuida el rebaño entra por la puerta. Cuando llama a las ovejas, ellas le conocen la voz. Se sienten seguras y le siguen.

Jesús siguió contando a sus seguidores, muchos de los cuales tenían ovejas y las conocían bien, que estas seguían a un pastor que conocían.

—Él las llama por su nombre y las saca del redil, va delante de ellas y ellas le van detrás —continuó Jesús—. Las ovejas nunca seguirían a un desconocido. Huyen cuando oyen una voz que no conocen.

Yo soy el buen pastor, el que está preparado para morir por sus ovejas. Alguien que cuida de ellas con más cariño que cualquier otro trabajo. Si un pastor ve que el lobo anda cerca, abandonará las ovejas a su suerte y se pondrá a salvo. Entonces el lobo atacará al rebaño. Pero el buen pastor, el verdadero pastor que conoce y ama a sus ovejas, nunca las abandonaría. Yo nunca os abandonaré.

# El buen samaritano

Lucas 10:25-37

Jesús era tan conocido que el pueblo se arremolinaba en torno a él para oírle predicar. Esto no gustaba nada a los otros líderes religiosos, que estaban celosos. Querían librarse de Jesús e intentaban hacerlo quedar mal con preguntas capciosas.

—¿Qué debo hacer si quiero vivir para siempre? —le preguntó uno.

—Ya conoces la ley de Dios —contestó Jesús—. ¿Qué te dice que debes hacer?

—He de amar a Dios con todo mi corazón, mis fuerzas y mi mente —contestó el hombre—. Y también debo amar al prójimo. ¿Pero quién es mi prójimo?

—Deja que te cuente una historia para ayudarte a comprender —le dijo Jesús—. Había una vez un judío que viajaba de Jerusalén a Jericó. Por el camino le atacaron unos ladrones, que le robaron la ropa y el dinero, lo golpearon y lo dejaron medio muerto.

Poco después, un sacerdote pasó por allí. Al ver el cuerpo ensangrentado, en vez de detenerse aceleró el paso y se alejó lo más desprisa que pudo.

Antiguamente, los sacerdotes no tocaban los cadáveres.

Al cabo de un rato se acercó un hombre que trabajaba en el Templo.

También él vio al hombre moribundo y, al pensar que había saqueadores en el camino, echó a correr despavorido.

Por último, pasó por allí un samaritano. Ya sabes que judíos y samaritanos son poco amigos. Sin embargo, cuando el samaritano vio al hombre malherido, corrió inmediatamente a ayudarlo. Le limpió las heridas, lo tapó y lo montó en su mula. Después lo llevó a una posada.

Al día siguiente, antes de retomar su viaje el samaritano fue a ver al posadero.

"Cuida de este hombre en mi ausencia", le dijo, y le entregó una bolsa con monedas. "Cuando vuelva te pagaré más dinero, si lo consideras necesario".

Jesús miró al hombre que le había hecho la pregunta.

—¿Quién de los tres hombres dirías tú que ha sido un verdadero prójimo?

—El samaritano —reconoció el hombre.

—Entonces intenta parecerte a él —dijo Jesús.

# El gran banquete

Lucas 14:15-24

Un día, Jesús fue invitado a comer a casa de una familia muy religiosa. Todo el mundo hablaba del momento en que el reino de Dios llegaría a la Tierra. Imaginaban que sería como una gran celebración para gente como ellos.

Jesús sonrió y dijo:

—Dejad que os cuente una historia.

Había una vez un hombre rico que decidió celebrar una gran fiesta para sus amigos. Cuando los exquisitos platos estaban preparados, mandó a su criado a buscar a los invitados. Pero del primero al último pusieron excusas.

"¡Lo siento!", dijo uno, "pero es que he comprado una parcela de tierra y tengo que ir a verla".

"Tengo que cuidar de mis vacas", dijo otro.

Y así se sucedieron una tras otra las excusas.

"Me acabo de casar…".

"Estoy muy ocupado…".

Hasta que el criado se dio por vencido y fue a decírselo a su señor.

El anfitrión se puso furioso.

"Ve a la ciudad. Invita a los pobres, a los ciegos y a los enfermos", le ordenó.

El criado obedeció. Pero aún así, quedaba comida para más gente. Así que le dijo: "Trae a todos los que encuentres en las carreteras y senderos de los alrededores. Abriré mi casa a los pobres y a los forasteros. Que nadie de los que han puesto excusas prueben estas viandas exquisitas".

Cuando Jesús terminó de contar la historia los invitados se quedaron mudos. Se dieron cuenta de que todo el mundo es bien recibido en el reino de Dios. No importa quién seas, basta con que aceptes su invitación.

# La oveja descarriada

## Lucas 15:1-7

Cuando Jesús predicaba la palabra de Dios, se acercaban a él
todo tipo de personas, incluso las que habían cometido algún delito.
Muchos líderes religiosos estaban furiosos al ver que hablaba con
personas que habían infringido las leyes.

—¿Cómo es posible que un hombre de Dios hable con gente así?
—preguntaban con desdén.

—Dejad que me explique —contestó Jesús al oírlos—. Imaginad
que sois el pastor de un rebaño de 100 ovejas y una de ellas se
pierde. ¿Qué haríais? ¿Os iríais a dormir tranquilos? ¡Claro que no!
Saldríais a buscarla y miraríais hasta debajo de las piedras hasta
que la encontrarais. Después volveríais a casa
con ella a hombros para celebrarlo con
vuestros vecinos.

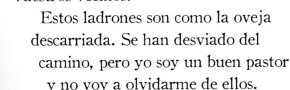

Estos ladrones son como la oveja
descarriada. Se han desviado del
camino, pero yo soy un buen pastor
y no voy a olvidarme de ellos.
Los buscaré y les hablaré del
amor de Dios para que vuelvan
a Él por el buen camino.

# La moneda perdida

Lucas 15:8-10

Jesús quería que todos supieran lo importante que eran todas y cada una de las personas para Dios.

—Me gustaría contaros una historia —les dijo un día.

Había una vez una mujer que solo tenía diez monedas de plata. Un día, mientras las contaba, se le cayó una y desapareció. Dispuesta a encontrarla, se alumbró con una lámpara y barrió la casa, buscando por todos los rincones. Al final, al cabo de un buen rato, vio un destello metálico debajo de una silla. ¡La había encontrado! Emocionada, la mujer les contó a sus vecinos que había encontrado la moneda y quiso celebrarlo con todos ellos.

Y eso mismo es lo que hace Dios cuando alguien que se había olvidado de Él regresa de nuevo a su lado —contó Jesús—. Él lo celebra con todos los ángeles del cielo.

# El hijo pródigo

Lucas 15:11-32

Jesús sabía que al pueblo le disgustaba que hablara y se relacionara con pecadores.

—Dios ama a todo el mundo —les decía él—. Aunque se desvíen del camino.

Entonces contó una historia para que le entendieran.

—Había una vez un anciano rico que tenía dos hijos. Cuando el padre muriera, estos se repartirían las tierras y el dinero, pero mientras tanto trabajaban de sol a sol en el campo.

Un día el hijo menor fue a hablar con su padre: "Quiero irme de casa y ver mundo. ¿Podrías darme la parte del dinero que me corresponde?", le pidió.

La petición entristeció al anciano, pero como lo amaba le dio el dinero y se despidió de él.

El muchacho fue de ciudad en ciudad. Primero se divirtió gastando el dinero con sus nuevas amistades, pero la buena vida duró poco.

Las cosas iban de mal en peor. En el país se vivía una gran hambruna y el único trabajo que consiguió fue como cuidador de cerdos. ¡No tenía dinero y estaba hambriento!

"¿Qué estoy haciendo?", se preguntó un día. "En casa de mi padre hasta los criados tienen comida de sobra. Tengo que volver y pedirle perdón. No merezco que me acoja de nuevo en su casa, pero sí al menos que me deje trabajar la tierra".

Así que recogió sus cosas y regresó a casa. Estaba algo lejos de la casa cuando su padre lo vio llegar.

El anciano corrió a recibirlo y lo estrechó entre sus brazos.

"Perdóname, padre, dijo el hijo con tristeza. "He pecado".

Pero su padre no le dejó hablar. Ordenó a los criados que le trajeran ropas nuevas y que sacrificaran el mejor becerro para celebrar un banquete.

Al enterarse, el hermano mayor se puso celoso.

"¿Por qué le tratas mejor a él que a mí?", se quejó. "He sido yo quien me he quedado contigo y he cuidado de ti".

"Tú siempre estás conmigo y todo lo que poseo es tuyo", le dijo su padre. "Pero tu hermano estaba perdido y ha vuelto a encontrar el camino. Hay que celebrar su regreso".

# Jesús cura a una mujer en sábado

Lucas 13:10-17

Un día, Jesús predicaba en la sinagoga, donde los judíos estudian su religión. Allí se encontró con una mujer que llevaba dieciocho años encorvada. Sentía mucho dolor y no podía estar mucho rato de pie.

Al verla, Jesús dijo:

—Vas a curarte de tu enfermedad.

En cuanto le impuso las manos, la mujer se puso erguida y dio las gracias a Dios.

A los rabinos no les gustó nada aquello.

—¿Quién se ha creído que es? —se preguntaban—.

Hoy es sábado, nuestro día de descanso. Trabajar los sábados va contra las normas.

—¿Acaso ninguno de vosotros trabaja los sábados? —preguntó Jesús—. ¿No habéis abrevado vuestros animales como cada mañana?

Los rabinos tuvieron que admitir que sí lo habían hecho, pero solo porque eran buenas personas y atendían las necesidades de los animales.

—Entonces, si sois tan buenos con vuestros animales y les dais lo que precisan, ¿cómo os atrevéis a decir que esta pobre mujer no puede obtener lo que necesita? —prosiguió Jesús—. Ella vale mucho más que vuestros animales. Lleva dieciocho años encorvada, sin poder llevar una vida normal. ¿Cómo puede disgustaros que la cure siendo sábado?

Los hombres se avergonzaron y fueron incapaces de responderle.

# Muerte y resurrección de Lázaro

Juan 11:1-44

Dos hermanas, María y Marta, vivían con su hermano Lázaro en Betania, cerca de Jerusalén. Los tres eran amigos de Jesús.

Un día, las hermanas enviaron un mensaje urgente a Jesús que decía así: "Por favor, ven en cuanto puedas. Lázaro está muy enfermo".

Los discípulos sabían que Jesús quería mucho a Lázaro y a sus hermanas, así que creyeron que iría a ver a la familia nada más recibir el mensaje. Sin embargo, se quedó donde estaba, predicando y curando enfermos.

Dos días después les dijo a sus discípulos:

—Nos vamos a Betania.

Ellos empezaron a preocuparse porque no querían que Jesús se acercara a Jerusalén. Sabían que sus enemigos conspiraban contra él, pero aun así no hubo manera de que cambiara de opinión.

Cuando llegaron a Betania, Marta salió a recibirlos. Estaba muy disgustada porque Lázaro había muerto y llevaba cuatro días enterrado.

—Si hubieras llegado antes, estoy segura de que mi hermano no habría muerto —dijo llorando.

—Lázaro vivirá otra vez —la tranquilizó Jesús—. Yo soy la resurrección y la vida. Todo el que crea en mí no morirá nunca de verdad. ¿Crees lo que te digo?

—Sí lo creo, Señor —dijo Marta—. Creo que eres Cristo, el hijo de Dios, y que has venido al mundo para dar vida eterna a todos los que crean en ti.

—Ahora llevadme a la tumba de Lázaro —pidió Jesús.

María y Marta lo acompañaron hasta el sepulcro, que estaba en una cueva cuya entrada se hallaba tapada por una gran piedra.

Jesús pidió que quitaran la piedra y se puso a rezar a Dios. Entonces dijo:

—¡Lázaro! ¡Sal afuera!

Y Lázaro se levantó y salió de la tumba.

# La conspiración para matar a Jesús

Juan 11:45-53

Muchas de las personas que habían visto lo que había hecho Jesús con Lázaro creían en él. Pero otras fueron a contarles a los líderes religiosos lo que había hecho.

Estos se reunieron con los sacerdotes para decidir qué iban a hacer con Jesús.

—Este hombre está curando a mucha gente y haciendo milagros. Si dejamos que siga así todo el mundo creerá en él. Esto nos coloca en una situación complicada ahora que los romanos nos gobiernan. Tienen mucho poder y nos castigarán obligándonos a salir de nuestro Templo.

Entonces uno de los sumos sacerdotes dijo:

—Esto no puede seguir así. Es mejor que muera un hombre por el pueblo y no que los romanos destruyan toda nuestra nación.

A partir de entonces, los sacerdotes y los líderes religiosos estuvieron más decididos que nunca a sacarse de encima a Jesús.

Pensaron cómo lo harían y de qué manera el pueblo debía colaborar con ellos. Entonces algunos se dieron cuenta de que necesitaban la colaboración de uno de los discípulos de Jesús.

Judas era el más indicado. Estaba decepcionado porque había creído que Jesús se convertiría en un gran soldado que expulsaría a los romanos, pero al final no había sido así. Al cabo de un tiempo, Judas decidió ir a ver a los líderes religiosos y a los sacerdotes. Ellos le estaban esperando.

# Jesús bendice a los niños

Mateo 19:13-15; 18:21-22; Marcos 10:13-16; Lucas 18:15-17

Muchos creían que Jesús era un ser tan excepcional que le llevaban a sus hijos para que les impusiera las manos y rezara por ellos.

Los discípulos los regañaban:

—Dejad tranquilo a Jesús —decían—. Lleva todo el día predicando. Está agotado y necesita descansar.

Pero Jesús mandaba callar a los discípulos.

—Dejad que los niños se acerquen a mí —decía—. No los detengáis. El reino de Dios les pertenece. Esta es la verdad: para entrar en el reino de Dios hay que ser como un niño.

Los felices padres acercaban a sus hijos a Jesús, que los recibía con los brazos abiertos y los bendecía.

# Jesús y Zaqueo

Lucas 19:1-10

Camino de Jerusalén, Jesús pasó por Jericó, una bonita y arbolada ciudad. Allí vivía Zaqueo, el jefe de los recaudadores de impuestos.

Tenía muy mala fama porque recaudaba más impuestos de lo que estipulaba la ley y se quedaba con una buena parte.

La multitud se agolpó en las calles para ver a Jesús. Zaqueo también tenía muchas ganas de verlo, pero como era bajito las cabezas de la gente le tapaban la vista. Pensó que si intentaba abrirse paso entre la multitud lo molerían a codazos, de manera que decidió adelantarse a todos y subirse a lo alto de un árbol para poder ver mejor.

Poco después, Jesús pasó por allí. Se acercó al árbol donde estaba Zaqueo y dijo:

—Baja de ahí, Zaqueo. Esta noche me gustaría ir a cenar a tu casa.

La multitud no podía creer lo que estaba oyendo. ¿Por qué Jesús quería mezclarse con gente como Zaqueo? Todos sabían que no jugaba limpio.

Sin embargo, Jesús fue a su casa y el encuentro causó un gran efecto en el recaudador de impuestos.

—Sé que he sido codicioso y he obrado mal —le dijo a Jesús—. Pero ahora quiero repartir la mitad de mi dinero entre los pobres.

Se sentía contento y satisfecho porque Jesús le había enseñado una forma mejor de vivir su vida.

Entonces Zaqueo se dirigió a la población:

—Siento haberme quedado más dinero del que me pertenecía y haberos hecho pagar impuestos ilegales. Si he defraudado a alguno de los presentes, quiero que sepa que le devolveré cuatro veces la cantidad que sea.

Entonces Jesús se dirigió a la multitud y dijo:

—He venido a buscar a todos aquellos que como Zaqueo se habían apartado de Dios. Yo estoy aquí para llevarlos de nuevo hasta Dios, nuestro padre.

# María le unge los pies a Jesús

Mateo 26:6-13; Marcos 14:3-9

Un hombre llamado Simón invitó a Jesús a su casa. Allí, una mujer llamada María se acercó a él con un recipiente que contenía un perfume muy caro. Lo derramó sobre sus pies y se los frotó con su cabello. La casa se inundó de una fragancia embriagadora.

Algunos discípulos pensaron que María había malgastado aquel valioso perfume.

—Lo hubiéramos podido vender y darles el dinero a los pobres —dijo Judas enfadado.

—Dejadla —replicó Jesús—. María ha hecho una buena obra conmigo. A los pobres siempre los tendréis con vosotros y siempre podéis hacer cosas por ellos. A mí, en cambio, no me tendréis siempre. María ha derramado este perfume sobre mis pies para darme sepultura.

# El mandamiento más importante

Mateo 22:34-40; Marcos 12:28-34

Un día, unos líderes religiosos que oían cómo Jesús predicaba decidieron ponerlo a prueba.

—¿Cuál es el mandamiento más importante? —le preguntaron.

—El mandamiento más importante es amar a Dios con todo el corazón, el alma y la mente —respondió Jesús—. El segundo mandamiento más importante es amar al prójimo como a uno mismo. Estos son los mandamientos principales.

Uno de los fariseos estaba impresionado. Estaba de acuerdo con lo que había dicho Jesús.

—Solo existe un Dios —dijo—. Estos mandamientos son más importantes que los sacrificios y las ceremonias de antaño.

Jesús se dio cuenta de que aquel hombre era inteligente y amaba de verdad a Dios.

—No estás lejos del reino de Dios —le dijo.

Dicho esto, nadie se atrevió a hacerle más preguntas.

# Jesús llega en burro a Jerusalén

Mateo 21:1-11; Marcos 11:1-10; Lucas 19:28-40; Juan 12:12-15

Las calles de Jerusalén estaban abarrotadas de gente que se preparaba para la Pascua. A las afueras, Jesús acababa de llegar al monte de los Olivos. Allí habló con dos de sus discípulos.

—Id al pueblo de al lado —les dijo—. Al llegar, encontraréis un burro atado. Nunca lo ha montado nadie. Traédmelo, y si alguien os pregunta por qué os lo lleváis, decidle que os mando yo y que lo devolveré pronto.

Los discípulos fueron al pueblo y enseguida localizaron al animal. Mientras lo desataban, algunos vecinos les preguntaron qué estaban haciendo.

Los discípulos les respondieron lo que había dicho Jesús, y la gente dejó que se lo llevaran.

Pronto el pueblo de Jerusalén oyó que Jesús había llegado y salió a saludarle. Algunos extendían sus capas delante de él, otros dejaban ramos de palmas por donde pasaba.

La gente se arremolinó alrededor de Jesús gritando palabras de alabanza.

—¡Hosanna! ¡Viene el rey prometido por Dios!

—¿Quién es? —preguntaban algunos.

—Es Jesús —respondía el gentío alborozado—. El profeta de Nazaret.

Todo el mundo celebró el paso de Jesús por la ciudad como si fuera un rey.

# Jesús visita el Templo

Mateo 21:12-18; Marcos 11:15-18; Lucas 19:45-48

Lo primero que hizo Jesús al llegar a Jerusalén fue visitar el Templo.
Pero al llegar no podía creer lo que estaba sucediendo. Parecía que
estuviera en un mercado y no en un templo. La gente vendía y
compraba género en lugar de rezar a Dios.

Jesús observó a todas aquellas personas. Unos cambiaban dinero
por unas monedas especiales para el Templo. Otros compraban y
vendían palomas.

Jesús estaba sorprendido y muy
enfadado.

—¡Esta es la casa de Dios! —gritó—. Habéis convertido un lugar de oración en una guarida de malhechores.

Entonces volcó las mesas y los bancos. El dinero cayó al suelo y las palomas salieron volando.

Desde aquel día no dejó que nadie más vendiera ni comprara en el Templo.

Jesús comenzó a predicar a diario. Los enfermos acudían a él para que los curara. La gente de a pie estaba sorprendida con todo lo que decía y hacía. Los líderes religiosos estaban tan furiosos que habían tomado la firme determinación de deshacerse de Jesús de una vez por todas.

# Jesús y sus discípulos celebran la Pascua

Mateo 26:17-29; Marcos 14:12-26; Lucas 22:7-20

Jesús quería disfrutar de la cena de Pascua con sus discípulos, así que mandó a dos de ellos a buscar un lugar para celebrarla.

—Seguid a un hombre que lleva una gran tinaja de agua —les dijo—. Preguntad en la casa que entre, si podemos vernos allí.

Los discípulos siguieron las indicaciones de Jesús y, aquella noche, el grupo de amigos se encontró en la casa para celebrar la cena de Pascua.

Jesús estaba triste porque sabía que aquella iba a ser la última cena que compartiría con sus amigos. Tomó el pan, dio las gracias a Dios y entregó un trozo a cada uno.

—Tomad y comed, este es mi cuerpo —dijo—. Dejaré que se parta para vosotros.

Entonces levantó una copa de vino, dio las gracias a Dios y la fue pasando para compartirla con los discípulos.

—Esta es mi sangre —dijo—, que será derramada por muchos.

Los discípulos comieron y bebieron tal como les había pedido Jesús.

# Jesús lava los pies a sus discípulos

Juan 13:2-17

Jesús sabía que los discípulos habían discutido sobre quién de ellos era el más importante. Pero él no quería que malgastaran el tiempo peleándose. Durante la cena de Pascua se levantó y fue a buscar una palangana de agua y una toalla. Después, se puso a lavarles los pies uno por uno.

Pedro sintió vergüenza.

—No puedo dejar que me laves los pies —dijo.

Pero Jesús simplemente le sonrió.

—Más tarde lo entenderás —le prometió.

Jesús lavó los pies de los doce hombres y los secó con la toalla. Una vez hubo acabado, explicó lo que había hecho.

—Soy vuestro maestro y Señor, pero os he lavado los pies —dijo—. Tenéis que hacer lo mismo los unos a los otros. Seguid mi ejemplo. Todos sois igual de importantes, porque todos sois siervos de Dios.

# Jesús es traicionado

Mateo 26:31-56; Marcos 14:27-50; Lucas 22:39-53

Después de la cena, Jesús y sus discípulos pasearon hasta llegar a un tranquilo jardín llamado Getsemaní.

—Esta noche me abandonaréis —les dijo.

—¡Yo nunca te abandonaría! —exclamó Pedro.

—Debo ir a rezar —dijo Jesús—. Quedaos aquí y velad conmigo.

Jesús se alejó un poco y se puso a rezar.

—Padre —dijo—, ¿vas a salvarme de esta muerte terrible?

Al levantar la mirada, vio un ángel y supo la respuesta de Dios.

Al volver con sus discípulos, los encontró completamente dormidos. Los despertó y volvió a pedirles que estuvieran en vela.

Jesús fue a rezar por segunda vez. Pero al volver, los encontró dormidos de nuevo.

—¿Ni siquiera podéis estar despiertos una hora por mí? —les preguntó con tristeza.

Entonces vio una hilera de antorchas en medio de la oscuridad.

Los soldados venían a apresarlo. Los líderes religiosos y los guardias del Templo guiaban la comitiva, con Judas, uno de los discípulos, a la cabeza.

Jesús se puso detrás de sus discípulos.

—Sabréis que es él porque le daré un beso —dijo Judas a los guardias.

Entonces Judas se acercó a Jesús y le dio un beso en la mejilla.

Rápidamente los guardias rodearon a Jesús. Pedro, furioso, de un golpe cortó la oreja del sirviente del sumo sacerdote.

—¡No, Pedro, detente! —ordenó Jesús.

Entonces le tocó la oreja al sirviente y lo curó.

—Venís armados con espadas —les dijo a los guardias—. ¿Acaso creéis que soy un criminal?

Ellos no contestaron. Se llevaron a Jesús preso y escoltado.

Los discípulos lo abandonaron a su suerte con los guardias, tal como Jesús había dicho.

# Jesús es crucificado

Mateo 27:15-61; Marcos 15:6-47;
Lucas 23:13-55

El sumo sacerdote decía que Jesús afirmaba ser el hijo de Dios, lo que iba contra la ley judía, por lo cual debía morir. Pero Poncio Pilato, el gobernador romano, creía que era inocente y quiso liberarlo. Lo llevó ante varios judíos y les dijo:

—Este hombre es inocente. ¿Queréis que mate a vuestro rey?

—¡Crucifícalo! —gritó el gentío.

Así fue como Pilato lo sentenció a muerte. Jesús tuvo que cargar con una gran cruz de madera hasta el monte Gólgota. La multitud se reía y se burlaba de él a su paso. En el Gólgota, los soldados lo clavaron en la cruz. Sobre su cabeza pusieron una tabla que decía: "Jesús, rey de los judíos".

A ambos lados de Jesús, crucificaron a dos ladrones. Una vez hubieron terminado, los soldados se sentaron a esperar que los crucificados murieran. Jesús se apiadó de ellos.

—Padre, perdónalos —rogó—. No saben lo que hacen.

—Si es cierto que eres el hijo de Dios, ¿por qué no nos salvas? —preguntó uno de los ladrones.

—Cállate —dijo el otro ladrón—. Nosotros somos culpables, pero este hombre es inocente. Por favor, Jesús, acuérdate de mí cuando vuelvas como rey.

—Hoy estaréis conmigo en el Paraíso —prometió Jesús.

Jesús sufrió terriblemente durante horas.

—¡Dios mío! ¿Por qué me has abandonado? —gritaba.

A las tres en punto notó que se le iba la vida.

—¡Es el fin! —exclamó.

Más tarde, sus amigos lo envolvieron en un sudario de lino aromatizado con especias. Después metieron el cuerpo en una cueva y bloquearon la entrada de la tumba con una gran piedra.

# Jesús resucita de entre los muertos

Mateo 28:1-10; Lucas 24:1-12; Juan 20:1-18

Tres días después de la crucifixión, una amiga de Jesús llamada María Magdalena fue a visitar su tumba. Estaba muy triste y quería recuperar algunas de las especies aromáticas que había preparado para el cuerpo de Jesús. Sin embargo, al llegar vio que la piedra de la entrada estaba desplazada y que el cuerpo de Jesús había desaparecido.

"Se lo ha debido llevar alguien", pensó.

De repente aparecieron dos figuras refulgentes vestidas de blanco. Eran ángeles enviados por Dios.

—No temas —le dijeron—. A Jesús no se lo han llevado. Ha resucitado, tal como él había anunciado. Entonces, María Magdalena recordó lo que Jesús le había dicho, que sería crucificado y enterrado, pero que resucitaría.

—¡Tengo que decírselo a los discípulos! —exclamó sin poder creer que Jesús estuviera vivo.

Al oír sus gritos, Pedro y Juan corrieron hacia la tumba, pero solo encontraron su sudario.

—Quédate aquí —le pidieron a María Magdalena—. Iremos a decirles a los demás lo que ha sucedido.

Mientras esperaba, la joven notó la presencia de alguien a sus espaldas.

—¿Qué sucede? —preguntó una voz amable.

—El cuerpo de Jesús ha desaparecido —susurró ella mirando al suelo.

—¡María! —dijo el desconocido—. ¿Es que no me conoces?

Al mirar hacia arriba su corazón dio un vuelco. Era Jesús. ¡Estaba vivo!

# Jesús se aparece a sus discípulos

Lucas 24:13-19; Juan 20:19-21:14

Aquel mismo día, dos amigos de Jesús volvían a casa apenados, pues aún no sabían que Jesús había resucitado.

—¿Qué haremos ahora? —se preguntaban con tristeza.

Estaban tan ensimismados que no se dieron cuenta de que alguien se les acercaba por la espalda.

—¿Qué sucede? —les preguntó el desconocido.

Uno de los dos amigos, Cleofás, se lo explicó.

—Creemos que Jesús, nuestro maestro, era el Mesías, pero ahora que está muerto hemos perdido la esperanza.

El desconocido sonrió.

—Recordad lo que dicen las Escrituras —les dijo—. El Mesías morirá, pero no por sus delitos, sino para pagar por los pecados de los demás. Con su muerte ha de llegar el perdón de Dios para todo el mundo.

Los dos jóvenes escucharon al desconocido a lo largo de todo el camino y, al llegar a casa, lo invitaron a comer. Pero hasta que no se sentó a la mesa y dio gracias a Dios por los alimentos, los dos amigos no lo reconocieron.

—¿Crees que es nuestro maestro?
—se preguntaron con asombro,
viendo que al acercarse a él,
el desconocido desaparecía.

Los dos amigos bailaron alrededor
de la mesa con alegría.

—¡Era Jesús! —exclamaron—.
¡Ahora no cabe duda! Tenemos que
contárselo a los demás.

Fueron a decírselo a los
discípulos, que para entonces
ya sabían que Jesús estaba vivo.
Les contaron con nerviosismo y
alegría que Jesús se había sentado
a la mesa con ellos.

—¡Maestro! —gritaron—. ¿De verdad eres tú?

—La paz sea con vosotros —dijo Jesús. Entonces les mostró
sus heridas para que no tuvieran dudas.

Los discípulos no cabían en sí de gozo.

—¡Estás aquí de verdad! —exclamaron.

Solo un discípulo, Tomás, no estaba presente aquel día.

—No os creo —les dijo a los demás cuando le contaron que Jesús
estaba vivo—. Necesito una prueba. —Y se negó a escucharlos.

Una semana después, Jesús se les volvió a aparecer, esta vez con
Tomás entre los presentes.

—Toca mis heridas y lo creerás —dijo Jesús agarrando la mano
de Tomás—. Porque me has visto, me has creído. Dichosos los que
no han visto y sin embargo creen.

# Jesús sube al cielo

Lucas 24:50-53; Hechos 1:6-11

Ahora no cabía duda de que Jesús estaba vivo. Durante el mes siguiente se apareció varias veces a los discípulos. Sabía que había llegado el momento de abandonarlos y quería prepararlos para lo que vendría. A veces solo charlaban y compartían su comida con él, otras rezaban juntos, pero lo más habitual era que Jesús les hablara del significado de lo que había sucedido.

Hasta que llegó el día en que Jesús tuvo que despedirse de sus discípulos.

—He de
volver al lado
de mi padre,
en el cielo —les
dijo—. No volveréis
a verme, pero quiero que
prediquéis la palabra de Dios
entre el pueblo, como hice yo.
Bautizad a la gente en mi nombre.
Dad a conocer la palabra de Dios en todo
el mundo.

Los discípulos estaban desconcertados.

—¿Pero cómo vamos a hacerlo sin ti? —le preguntaron
con preocupación.

Pero Jesús sabía que estaban muy preparados para llevar
a cabo esa tarea.

—No os preocupéis —les dijo—. Mandaré al Espíritu Santo
para que os acompañe.

Entonces puso las manos en alto para bendecirlos y, acto seguido,
subió al cielo.

Mientras veían cómo desaparecía entre las nubes, los discípulos
sintieron una inmensa alegría y se arrodillaron.

—Tenemos que regresar a Jerusalén y rezar juntos —se dijeron
unos a otros—. Allí esperaremos la llegada del Espíritu Santo.

# El regalo del Espíritu Santo

Hechos 2:1-8

Los discípulos sabían que el Espíritu Santo les acercaría a Jesús de otro modo, lo que no sabían era cómo o cuándo llegaría. Así que decidieron volver a Jerusalén y rezar.

Pasó un tiempo hasta que, durante la celebración judía del Pentecostés, sus oraciones fueron atendidas. Una gran ráfaga de viento invadió la casa en la que estaban.

En cuanto notaron una intensa sensación de calidez, sus corazones rebosaron felicidad. Era como si Jesús estuviera con ellos, en aquella misma casa.

Los discípulos salieron a las calles, expresando su alegría con palabras de alabanza, dando gracias a Dios por aquel maravilloso regalo. Lo más sorprendente fue que todo aquel que les oía entendía sus palabras, fueran en el idioma que fueran. ¡Sin duda era un regalo de Dios!

# La primera iglesia

Hechos 2:43-47

Quienes conocían a los discípulos y los oían hablar quedaban profundamente conmovidos. Como Jesús, ellos también curaban y hacían milagros.

Las personas que creían en Jesús vivían juntas y felices, y compartían todo lo que tenían. Vendían sus propiedades y repartían el dinero entre los demás creyentes, para que a nadie le faltara de nada. Iban todos los días al Templo, a adorar a Dios. Después se juntaban en casa de alguien, rezaban juntos y compartían la comida.

Siempre se sentían felices y no faltaban en ningún momento las oraciones y alabanzas hacia Dios. La otra gente observó la felicidad de los creyentes y se sintió atraída por aquella forma de vida.

Así fue como Dios empezó a tener cada vez más seguidores, ávidos de conocer mejor a Jesús. Querían amar a Dios y seguir sus leyes.

# La Puerta Hermosa

Hechos 3:1-10

Una tarde, Pedro y Juan iban al Templo a rezar. Un lisiado de nacimiento que no podía andar estaba sentado delante de la entrada del Templo conocida como la Puerta Hermosa. El hombre estaba allí cada día, pidiendo limosna a los feligreses.

Cuando vio que Pedro y Juan subían la escalera, les pidió que le dieran algo.

Ellos lo miraron y entonces Pedro le dijo:

—Si quieres que te demos plata u oro, me temo que no podemos ayudarte. Pero sí podemos ofrecerte lo que tenemos.

Entonces dijo:

—En el nombre de Jesús, ¡levántate y anda!

Pedro lo tomó de la mano y lo ayudó a levantarse. En cuanto los pies y las piernas del hombre ganaron fuerza, este se alzó y se puso a caminar. Entonces entró en el Templo con ellos, donde no paraba de caminar y dar saltos alborozado. Después, rezó y le dio las gracias a Dios a voz en grito.

Desde aquel momento, todo el mundo lo reconoció como el mendigo de la Puerta Hermosa. No podían creer lo que veían.

# Saulo se convierte y comienza a hablar de Jesús

### Hechos 9:1-30

Saulo estaba muy enfadado con los discípulos y otros seguidores de Jesús, ya que pensaba que representaban una amenaza para la verdadera religión. Tanto era así que quería encarcelarlos o matarlos a todos.

Saulo pidió a los líderes religiosos que le dejaran ir a Damasco, en Siria, para traer a los nuevos cristianos y castigarlos. Pero por el camino le sucedió algo muy extraño. De repente, se vio iluminado por una luz poderosa que venía del cielo. Cayó al suelo de la impresión y oyó una voz que decía:

—¡Saulo! ¡Saulo! ¿Por qué me haces daño?

—¿Quién eres? —preguntó Saulo.

Y la voz respondió:

—Soy Jesús, y tú estás atacando a mis seguidores. Ahora levántate, ve a la ciudad y allí averiguarás lo que debes hacer.

Saulo se puso de pie y abrió los ojos, pero no podía ver nada. La gente que viajaba con él le llevó a Damasco. Permaneció tres días ciego, hasta que Dios mandó a un hombre llamado Ananías para que lo curara.

El enviado estaba asustado porque sabía de las malas intenciones de Saulo y su deseo de matar a los cristianos. Pero aun así obedeció a Dios.

Saulo recibió el bautismo y a partir de entonces se llamó Pablo. Después, empezó a hablarle a todo el mundo de lo maravilloso que era Jesús.

—Él es el hijo de Dios —decía.

Todo aquel que lo oía quedaba sorprendido.

Los cristianos de Damasco estaban encantados con que Saulo, ahora Pablo, creyera en Dios. Sin embargo, no a todos les parecía bien. Quienes querían que fuera como antes estaban tan furiosos que planearon matarlo. Afortunadamente, Pablo se enteró a tiempo y, por la noche, otros creyentes lo ayudaron a huir de la ciudad ocultándolo en una gran cesta que bajaron por una ventana de las murallas.

# El sueño de Pedro

Hechos 10:9-16

Un día, mientras Pedro estaba en una casa de Jope, cerca del mar, subió a la azotea a rezar. Casi era hora de cenar y estaba hambriento. Pero entonces se quedó dormido y se puso a soñar.

Vio el cielo abierto y una gran manta que venía volando hacia él. Sobre ella había todo tipo de animales.

Entonces una voz dijo:

—Levántate, Pedro. Mata uno de estos animales y cómetelo.

Pedro estaba confuso. Su pueblo no se habría comido jamás ninguno de aquellos animales porque así lo quiso Dios.

—No puedo hacerlo —dijo—. No puedo comerme ninguno de estos animales. Son impuros.

Pero la voz dijo:

—Dios los ha hecho puros.

Esto sucedió tres veces, después los animales desaparecieron.

# Pedro entiende el sueño

Hechos 10:17-48

Mientras Pedro se preguntaba qué podía significar aquel sueño, unos hombres vinieron a buscarlo. Los enviaba Cornelio, un importante general romano.

Le dijeron que un ángel se le había aparecido a Cornelio preguntando por Pedro. Los judíos no debían entrar en casa de los romanos, pero Pedro supo enseguida que así lo había querido Dios, de modo que los acompañó.

Al llegar a casa de Cornelio, el general se arrodilló a los pies de Pedro.

—Estoy ansioso por escuchar tu mensaje —dijo Cornelio.

Entonces Pedro habló de Jesús al general y a su familia. Cornelio se emocionó tanto que él y su familia decidieron bautizarse.

De este modo, Pedro averiguó el significado de su sueño: Dios no tiene favoritos, pero siempre es de agradecer recibir gente de cualquier procedencia que quieran seguirlo y hacer el bien.

# Los viajes misioneros de Pablo

Hechos 13-21

Cuando era conocido como Saulo, Pablo había mandado apresar cristianos, pero desde que él se había convertido en cristiano era otro hombre. Quería dar a conocer las buenas nuevas sobre Jesús, no únicamente a los judíos sino a quien quisiera escucharlo. Pablo procedía de Tarso (en la Turquía actual). Era judío, pero se había criado con gente que no lo era.

Él y su amigo Barrabás decidieron ir a predicar sobre Jesús a otros lugares. Primero viajaron a la isla de Chipre, donde Pablo dejó ciego a un hechicero llamado Elimas, que se había burlado del mensaje cristiano. Aquel suceso demostró que Pablo no temía enfrentarse a los que estaban en su contra y también que tenía poderes, con los que combatiría las desgracias que estaban por llegar.

Viajó en barca por todo el mar Mediterráneo para hablar de Jesús al pueblo. Estuvo en Grecia y Macedonia y visitó las actuales Turquía, Siria y Líbano. Allá donde iba conocía a otros judíos, con los que rezaba. Pero él decía que el mensaje de Jesús no solo era para los judíos. Gente de todo tipo iba a escucharlo y se convertía a la fe cristiana.

La gente que Pablo conoció durante sus viajes hablaba lenguas distintas, vestían ropas diferentes y tenían religiones dispares. Pero sus países formaban parte del Imperio romano, por ello los gobernaban los romanos.

Los ciudadanos romanos tenían más derechos que los que no lo eran. Muchos de ellos creyeron el mensaje de Pablo acerca de que Jesús había nacido para salvar a todo el mundo, no solo a judíos y romanos.

# Pablo y Silas van a la cárcel

Hechos 16:16-34

En Filipos, Pablo y su amigo Silas sacaron un espíritu maligno del cuerpo de una joven esclava. Sus dueños, indignados, los llevaron ante las autoridades romanas.

—Estos hombres son judíos y están causando problemas en nuestra ciudad —se quejaron.

Los soldados golpearon a Pablo y Silas y los encarcelaron, no sin antes advertir al carcelero que los vigilara bien.

A medianoche, los dos amigos se pusieron a rezarle a Dios. De repente, el edificio vibró, las puertas se separaron y los grilletes se abrieron. El carcelero, pensando que los prisioneros habían huido, se sintió tan culpable que decidió matarse, pero Pablo le dijo:

—¡No lo hagas! Estamos aquí.

El carcelero, agradecido, les preguntó cómo podía salvarse.

—Cree en Jesús Nuestro Señor —le respondieron.

Entonces, se los llevó a su casa, donde él y su familia fueron bautizados como cristianos.

# El naufragio de Pablo en Malta

Hechos 27:1-28:11

Pablo volvía a Roma en barco, sorteando terribles tormentas y mares embravecidos. Un ángel le había dicho que el barco y la mercancía se perderían, no así los centenares de pasajeros. Pablo serenó a los demás con este mensaje.

El barco encalló en la isla de Malta. El oleaje lo destrozó y echó a perder la mercancía. Pero los viajeros llegaron a la orilla, donde los malteses encendieron una hoguera para que se calentaran. Las llamas despertaron a una peligrosa serpiente, que mordió a Pablo en la mano.

Los malteses pensaban que se moriría, pero él la lanzó al fuego y resultó ileso. Todos entendieron que Dios había protegido a Pablo. Escucharon el mensaje de Dios y se convirtieron en cristianos.

# Pablo escribe muchas cartas desde la cárcel en Roma

Hechos 28:11-31

Después de pasar un invierno dando a conocer el mensaje cristiano en Malta, Pablo se embarcó en Egipto rumbo a Roma. Estuvo tres días en Sicilia y después viajó por la costa oeste de Italia.

Los cristianos estaban al corriente de su llegada. El centurión Julio lo llevó a Pozzuoli, donde pasó una semana con otros cristianos que habían recorrido un largo camino para verlo.

En Roma lo encarcelaron por hablar de Dios y Jesús, pero pudo vivir en una casa custodiado por un soldado.

Durante su encierro mandó buscar a los líderes judíos de Roma y les contó su misión. Les explicó que Dios había mantenido su promesa de amar y cuidar al pueblo mandando a Jesús.

También dijo que había elegido ser prisionero en Roma porque era judío.

—Llevo estos grilletes porque creo en la esperanza de Israel.

Después les recordó las palabras que el Espíritu Santo había dicho a sus antepasados:

—Por mucho que oigan, no entenderán. Por mucho que vean, no percibirán.

Añadió que todo el mundo podía compartir las buenas nuevas de Jesús, aunque muchos no quisieran:

—Quiero que sepáis que Dios también salvará a las personas que no son judías, y ellas sí que entenderán.

Pablo estuvo dos años en Roma. Predicó para mucha gente. Además, escribió cartas a muchos de los grupos de cristianos que visitó en sus viajes. En una de ellas, dirigida a los cristianos de Filipos, muestra cómo a pesar de estar encarcelado nunca perdió la esperanza y el coraje: "Al verme en la cárcel, muchos de los creyentes tienen aún más fe en Cristo y no temen nombrar la Palabra de Dios".

# La Iglesia es como un cuerpo

1 Corintios 12:12-27

Pablo recordaba a los grupos de cristianos que había visitado y las iglesias que había ayudado a construir. Les escribió muchas cartas, aunque estuvieran a kilómetros de distancia. Aquellas cartas dieron esperanza y consejo a los creyentes. Asimismo, les hicieron comprender que formaban parte de un grupo mucho más grande: la Iglesia cristiana.

En la primera carta a los corintios, Pablo explicó buena parte de sus creencias. Corinto era una próspera ciudad del Mediterráneo. Por sus calles transitaban ricos y pobres, europeos, asiáticos, griegos, romanos y judíos. Pero Pablo quería demostrar que el mensaje cristiano era para todos ellos.

"El mismo Espíritu Santo nos bautizó a todos, ya seamos judíos o griegos, esclavos u hombres libres", escribió.

Después comparó la Iglesia con un cuerpo: "No se trata de un solo miembro, sino de muchos, y además con distintas funciones. Un cuerpo tiene varias partes, como ojos, orejas y pies, por ejemplo, cada una de las cuales realiza una función, pero todas dependen entre sí. Si una parte duele, todas las otras comparten su dolor".

Y aún, en su afán de transmitir el mensaje de Jesús de la forma más clara y comprensible, Pablo dijo también a los corintios:

—Nosotros, que creemos en Jesús, somos como su cuerpo aquí en la Tierra. Cada uno de nosotros forma parte de la Iglesia.

# El amor es el mejor regalo

1 Corintios 13

Pablo mandó un sencillo mensaje en una carta a los corintios: el amor es lo más importante del mundo. Los regalos que apreciamos valen mucho menos que el amor. Hablamos muchas lenguas, adivinamos el futuro o incluso damos nuestras pertenencias a los pobres. Pero nada de eso tiene valor si no hay amor.

—La fe mueve montañas. Pero aunque tenga todas esas cosas, si no tengo amor es como si no tuviera nada —decía.

Pablo explicó cómo, con la edad adulta, había empezado a ver las cosas distintas a como las veía de niño. Del mismo modo, dijo, veríamos las cosas distintas cuando entendiéramos bien el mensaje de Cristo. Sin embargo, añadió:

—Estas tres cosas no deben faltar: fe, esperanza y amor. Y de todas ellas, la más importante es el amor.

# Hay que domar la lengua

Santiago 3:1-12

Santiago fue otro de los grandes líderes de los orígenes de la Iglesia. Escribió sobre lo fácil que es equivocarse, y que a menudo este error se debe a algo que decimos.

"Todos cometemos errores. Si no dijéramos nada mal, seríamos perfectos y capaces de controlarnos a nosotros mismos".

Todo lo que decimos lo articulamos con la lengua, de la que Santiago dijo:

—Es un miembro pequeño del cuerpo, pero capaz de grandes hazañas. Como el timón del barco o el bocado del caballo, ejerce un poderoso control. Esto le permite hacer el bien o hacer el mal.

Santiago dijo que podemos utilizar la lengua para herir a los demás, pero también para pedir perdón.

# Juan tiene una visión del cielo

Apocalipsis 21, 22

La Biblia termina con la maravillosa visión del cielo de Juan, conocida como la Revelación. "Revelar" algo significa mostrarlo con claridad. Juan escribió lo que le había revelado su visión.

En ella vio a Jesús con el rostro centelleante por su santidad. Estaba sentado en el trono celestial, rodeado de ángeles, personas y animales que le adoraban y entonaban cánticos.

Un ángel le explicó a Juan que, dado que la gente había olvidado adorar a Dios y no había atendido a su palabra, el mundo sería destruido. Pero Dios crearía un nuevo cielo y una nueva tierra para su pueblo. Así lo describe Juan:

—El primer cielo y la primera tierra habían desaparecido, igual que el mar. Y vi la ciudad santa, la nueva Jerusalén, que bajaba del cielo de Dios.

Se trata de una visión de vida eterna para quienes han complacido y satisfecho a Dios.

Ellos vivirán en esta hermosa ciudad. No habrá necesidad de templos porque Dios estará siempre con ellos.

Juan aprende aún más maravillas sobre la presencia de Dios entre su pueblo:

—Secará las lágrimas de sus ojos y no habrá más muerte, tristeza ni dolor porque las primeras cosas habrán dejado de existir.

Un ángel guía a Juan por la visión, explicándole cada maravilla. Pero la visión termina con el propio Jesús, que está de acuerdo con lo que ha dicho el ángel y promete:

—Yo, Jesús, el Único, afirmo que estas cosas son ciertas y os digo que vendré pronto.

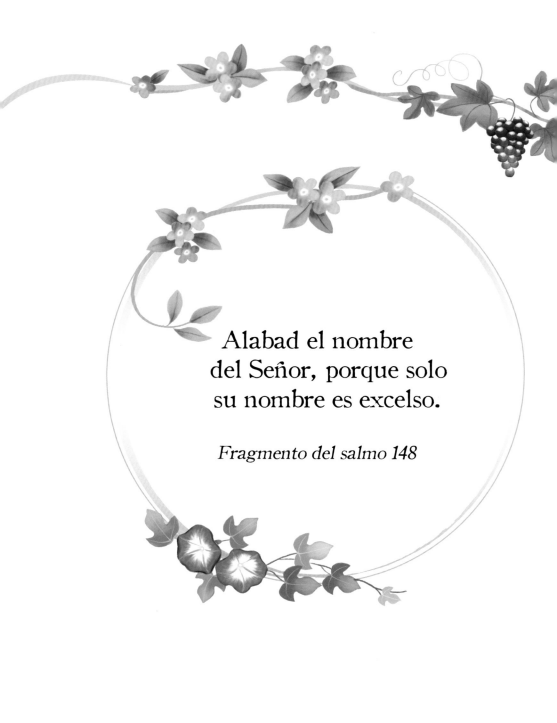

Alabad el nombre
del Señor, porque solo
su nombre es excelso.

*Fragmento del salmo 148*

# Oraciones

Oraciones originales: Meryl Doney y Jan Payne

# Naturaleza

Dios creó el mundo con esmero
y lo bendijo con amor verdadero.
Creó el cielo bien alto y azul
y a todos los niños pequeños, incluido tú.

*Anónimo*

Gracias por el nuevo día y la luz que todo lo inunda,
por el descanso y el cobijo de la noche iracunda.
Gracias por la salud y el alimento, el amor y las amistades,
por todos los presentes que cubren nuestras necesidades.
Te damos gracias, Señor.

*Anónimo*

Señor, bendice nuestras redes cuando salgamos a pescar.
Que nuestra barca es pequeña y profunda la mar.

*Tradicional*

La luz del amanecer
anuncia un nuevo día.
Sin tiempo que perder
saludo a Dios con alegría:
¡buenos días!

El frío del atardecer
invita a estar en compañía.
Sin tiempo que perder
saludo a Dios con alegría:
¡buenas noches!

*Original*

Por las flores que crecen alrededor,
te damos las gracias, Señor.
Por la hierba fresca y todo su esplendor,
te damos las gracias, Señor.
Por los pájaros y todas las almas
que te recuerdan con sus plegarias,
te damos a ti las gracias.

*Ralph Waldo Emerson*

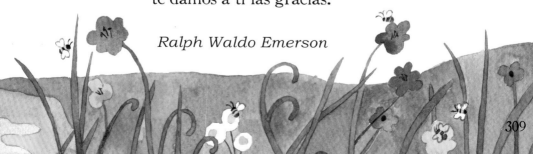

Creador de la Tierra,
el aire, el cielo y el mar.
Creador de la luz que todo lo alumbra,
ilumíname ahora a mí.

*Sarah Betts Rhodes*

Inmenso como la tierra que piso,
profundo como el mar del pescador,
alto como el cielo que admiro,
así y mucho más es tu amor.

*Original*

Señor, haz que vea tu gloria a cada paso.

*Miguel Ángel*

Quizá sea pequeño,
pero canto con esperanza
una canción de alabanza
para el Dios del cielo.

*Original*

Señor, el día empieza. Como siempre,
postrados a tus pies, la luz del día
queremos esperar. Eres la fuerza
que tenemos los débiles, nosotros.

*Enrique Díaz Canedo*

Campanillas de invierno,
gotas de lluvia y hielo,
ráfagas de cierzo.

El sol va bajito
para darnos cobijo.
¡Ya llegó el frío!

Campanillas de invierno,
gotas de lluvia y hielo,
ráfagas de cierzo.

A Dios agradecemos la dicha
del goce de tantas maravillas.

*Original*

¿Qué tengo yo, que mi amistad procuras?
¿Qué interés se te sigue, Jesús mío,
que a mi puerta, cubierto de rocío,
pasas las noches del invierno oscuras?

*Lope de Vega*

Alabad a Dios en su santuario, alabadlo en su poderoso firmamento. Alabadlo por sus proezas, alabadlo por su inmensa grandeza.

*Fragmento del salmo 150*

Alabemos a Dios con la trompeta,
alabémosle con la pandereta.
Alabemos a Dios con nuestras danzas,
alabémosle con gritos y chanzas.
Alabemos a Dios con el violín,
o toquemos al unísono el clarín.
Que se oiga nuestro ruido atronador
y llegue bien claro al Creador.

*Original*

Dos ojos para ver y una nariz para oler.
Dos orejas para oír y una boca para decir.
Gracias a Dios por darme todo esto a mí.

*Original*

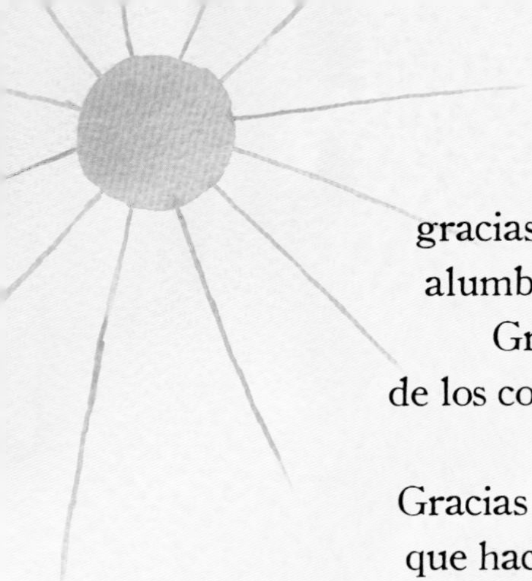

Querido Dios,
gracias por el Sol que cada mañana
alumbra el mundo y toda mi casa.
Gracias por el ruido quedo
de los copos de nieve cayendo al suelo.

Gracias por las suaves gotas de lluvia
que hacen renacer las hojas mustias.
Pero te lo ruego, haz que el viento sople con fuerza
para que pueda echar a volar mi cometa.

*Original*

Pastor, te bendigo por lo que me das.
Si nada me das, también te bendigo.
Te sigo riendo si entre rosas vas.
Si vas entre cardos y zarzas, te sigo.
¡Contigo en lo menos, contigo en lo más,
y siempre contigo!

*Amado Nervo*

Loado seas, mi Señor, con todas tus criaturas,
especialmente el señor hermano Sol,
el cual es día y por el cual nos alumbras.
Y él es bello y radiante con gran esplendor,
de ti, Altísimo, lleva significación.
Loado seas, mi Señor, por la hermana Luna y las Estrellas,
en el cielo las has formado luminosas y preciosas y bellas.
Loado seas, mi Señor, por el hermano Viento,
y por el Aire y el Nublado y el Sereno y todo tiempo,
por el cual a tus criaturas das sustento.
Loado seas, mi Señor, por la hermana Agua,
la cual es muy útil y humilde y preciosa y casta.

*San Francisco de Asís*

El viento empieza a soplar,
y las hojas doradas tambaleantes
tapizan el suelo centelleantes.

El verano toca a su fin
y el invierno está impaciente por venir.
Sea cual sea la estación
despierta toda mi admiración.

*Original*

# Dar gracias

Porque es tarde, Dios mío, porque anochece ya
y se nubla el camino;
porque temo perder
las huellas que he seguido,
no me dejes tan sola
y quédate conmigo.

Porque ardo en sed de Ti
y en hambre de tu trigo,
ven, siéntate a mi mesa;
bendice el pan y el vino.
¡Qué aprisa cae la tarde!
¡Quédate al fin conmigo!

*Ernestina de Champourcín*

Bendice, Señor, los alimentos que voy a tomar,
para que crezca sano y me libre de todo mal.

*Original*

Me basta un vaso de agua
y un pedazo de pan
para irme contento a la cama
y dormirme sin rechistar.

*Original*

Nos señalaste un trozo de la viña
y nos dijiste: Venid y trabajad.
Nos mostraste una mesa vacía
y nos dijiste: Llenadla de pan.

*Anónimo*

Querido Dios,
gracias por darme de comer
y dejar que me siente tan bien.
Haz que piense en los demás también
y que el alimento no eche a perder.

*Original*

Te damos gracias, Señor.
Reunidos en una misma comida
haz que nos juntemos con un mismo corazón,
que de nada sirve la vida si no hay amor.

*Anónimo*

Gracias a quien plantó y regó,
a quien aró y a quien segó.
Y gracias a Dios por el sol, la lluvia y el cierzo:
este año la cosecha ha sido un éxito.

*Original*

Loado seas, mi Señor,
por nuestra hermana la madre Tierra,
la cual nos sustenta y gobierna,
y produce diversos frutos
con coloridas flores y hierba.

*San Francisco de Asís*

Con amoroso afán los que en la tierra te amamos,
con gran fervor te imploramos que nunca nos falte el pan.

*Anónimo*

Te pedimos que nos des
cada día el alimento.
Para el alma el de la gracia
y para el cuerpo el sustento.

*Anónimo*

Gracias, Señor, por este día
y la mesa puesta en torno a la familia.

*Original*

Querido Dios,
deja que comparta
lo que un día te pedí.
Que llegue cada mañana
de uno a otro confín.

*Original*

Gracias, porque al fin del día
podemos agradecerte
los méritos de tu muerte
y el pan de la eucaristía.

*José Luis Blanco Vega*

Gracias por los invitados
que nos obsequian con regalos.
Gracias por los paseos,
por los más hermosos senderos.
Gracias por los buenos ratos
compartidos con nuestros hermanos.
Pero sobre todo te hacemos llegar
las gracias por haber creado un hogar.

*Original*

Siempre que comemos debemos acordarnos del amor de Dios.

*Oración de China*

Que quien todo lo tenga piense en quien lo ha perdido todo.
Que quien hoy haya comido piense en el hambriento.
Que quien esté rodeado de amor piense en el solitario.
Que quien esté contento piense en el afligido.
Que algún día aprendamos a compartir con el prójimo.

*Original*

Jesús, tú que alimentaste a la multitud
con cinco panes y dos peces con gran virtud,
ayúdanos a compartir con el que no ha comido aún.

*Original*

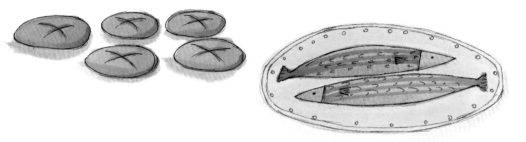

Al atardecer de la vida
me examinarán del amor.
Si ofrecí mi pan al hambriento,
si al sediento di de beber,
si mis manos fueron sus manos,
si en mi hogar le quise acoger.

Al atardecer de la vida
me examinarán del amor.
Si ayudé a los necesitados,
si en el pobre he visto al Señor,
si los tristes y los enfermos
me encontraron en su dolor.

*Anónimo*

# Familia y amistad

Ilumina a mi familia, ángel de Belén.
Alúmbranos por fuera y por dentro también.

*Anónimo*

Jesús, bendice nuestra morada,
escucha cuanto hagamos y digamos.
Cuando haya un problema, guíanos,
y bendice a todo el mundo que entre en ella.

*Original*

¡Señor, haz de mí un instrumento de tu paz!
Que allí donde haya odio, ponga yo amor;
donde haya ofensa, ponga yo perdón;
donde haya discordia, ponga yo unión;
donde haya error, ponga yo verdad;
donde haya duda, ponga yo fe;
donde haya desesperación, ponga yo esperanza;
donde haya tinieblas, ponga yo luz;
donde haya tristeza, ponga yo alegría.

*Anónimo*

¡Oh, Maestro!, que yo no busque tanto
ser consolado, como consolar;
ser comprendido, como comprender;
ser amado, como amar.

*Anónimo*

Padre: has de oír este decir
que se me abre en los labios como flor.
Te llamaré Padre porque
la palabra me sabe a más amor.
Tuyo me sé, pues me miré
en mi carne prendido tu fulgor.
Me has de ayudar a caminar
sin deshojar mi rosa de esplendor.

Y para ir, Padre, hacia ti,
dame tu mano suave y tu amistad.
Pues te diré: sola no sé
ir rectamente hacia tu claridad.

*Gabriela Mistral*

A veces rápidos, a veces lentos,
así se columpian mis pensamientos.
Gracias, Señor, por tenerte cuando te necesito:
¿para qué sirve sino un amigo?

*Original*

Querido Dios, gracias por los buenos amigos.
Gracias porque siempre me escuchan,
saben qué necesito y me lo proporcionan.
Ayúdame también a mí a ser un buen amigo,
a escucharlos, a comprenderlos
y a estar cuando me necesiten siempre con ellos.

*Original*

Oh, hermosura que excedéis
a todas las hermosuras.
Sin herir dolor hacéis,
y sin dolor deshacéis,
el amor de las criaturas.

Oh, nudo que así juntáis
dos cosas tan desiguales,
no sé por qué os desatáis,
pues atado fuerza dais
a tener por bien los males.

Juntáis quien no tiene ser
con el Ser que no se acaba;
sin acabar acabáis,
sin tener que amar amáis,
engrandecéis nuestra nada.

*Santa Teresa de Jesús*

328

Señor, a veces no es fácil hacer amigos.
Ayúdame a ganarme la amistad con los demás.

*Original*


Tengo
amigos tranquilos
y amigos movidos,
divertidos y decaídos,
muchos amigos,
pocos amigos,
sensibles y tiernos,
amigos buenos,
traviesos y aviesos,
grandes y pequeños.
Gracias, Dios,
por darme amigos
de todos los tipos.

*Original*

Querido Dios, bendice a todos los niños
que no tienen familia. Cuida de ellos
y mándales a alguien que los acompañe
para que no se sientan solos.

*Original*

Señor, que tus ángeles bendigan
y protejan a toda la gente que quiero.

*Original*

Querido Dios, gracias por mi familia y todas
las cosas que hacemos juntos. Gracias por los alimentos
que tomamos, las bromas que gastamos, la tele
que vemos, la casa en la que vivimos. No permitas que olvidemos
que formamos parte de tu familia.

*Original*

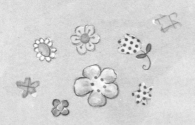

Dios Padre, gracias por mis amigos.
Ayúdame a ser un buen amigo para ellos.
Bendícelos y protégelos en todo momento,
ahora y siempre.

*Original*

Cuida de mi familia cuando estemos separados.
Gracias por los pensamientos que compartimos,
nuestras llamadas, nuestros mensajes,
nuestros recuerdos y nuestros rezos.
No permitas que olvidemos que estás con todos nosotros.

*Original*

A fuerza de amor humano
me abraso en amor divino.
La santidad es camino
que va de mí hacia mi hermano.
Me di sin tender la mano
para cobrar el favor;
me di en salud y en dolor
a todos, y de tal suerte
que me ha encontrado la muerte
sin nada más que el amor.

*Anónimo*

¡Oh, cuánto fueron mis entrañas duras,
pues no te abrí! ¡Qué extraño desvarío,
si de mi ingratitud el hielo frío
secó las llagas de tus plantas puras!

¡Cuántas veces el ángel me decía:
"Alma, asómate ahora a la ventana,
verás con cuánto amor llamar porfía"!

¡Y cuántas, hermosura soberana,
"Mañana le abriremos", respondía,
para lo mismo responder mañana!

*Lope de Vega*

# Animales

Querido Dios, hoy el pájaro
cantaba a la mañana
posado en una rama.
Por esto estoy contento
como un cascabel,
porque estoy vivo, como él.

*Original*

No hay nada más grande
que la voz del chochín,
que canta como un ángel
pese a ser tan pequeñín.
Da gracias a Dios
desde su pequeño nido,
y yo aguzo el oído
y disfruto como un niño.

*Original*

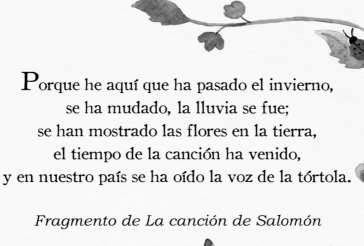

Porque he aquí que ha pasado el invierno,
se ha mudado, la lluvia se fue;
se han mostrado las flores en la tierra,
el tiempo de la canción ha venido,
y en nuestro país se ha oído la voz de la tórtola.

*Fragmento de La canción de Salomón*

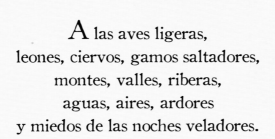

A las aves ligeras,
leones, ciervos, gamos saltadores,
montes, valles, riberas,
aguas, aires, ardores
y miedos de las noches veladores.

*San Juan de la Cruz*

¡Hermanitos voladores,
el Creador cuánto os ama!
Sin sembrar ni recoger,
vuestra sed y hambre aplaca
en la humilde hierbecilla,
de la fuente en gotas de agua,
si en el cáliz de la flor
no la bebéis irisada:
como no hiláis ni coséis,
Dios os viste y Dios os calza,
y el calzado y el vestido
vale más que de oro y plata.

Por lecho un brote os concede;
por tejadillo, una rama;
frondas secretas, por nido;
el cielo y tierra, por jaula.
¡Pajarillos, mis hermanos,
el Creador cuánto os ama!

*Jacint Verdaguer*

Cuida, Dios, de los animales
de tierra, aire y mar.
Haz que sean felices
y gocen de libertad.

*Original*

Gracias por los animales del mundo,
sean grandes o menudos.
Gracias por los seres vivos
que con amor fueron concebidos.

*Anónimo*

¡Ah, pastores que veláis,
por guardar vuestro rebaño,
mirad que os nace un Cordero,
Hijo de Dios Soberano!

*Santa Teresa de Jesús*

Va el apóstol del Amor
por una selva de Italia:
el amor que por Jesús
siente, no cabe en su alma,
y se esparce por las flores,
pinos y robles abraza.

Es serafín desterrado,
sufre divina nostalgia.
Juguetones pajarillos,
siempre alegres lo acompañan.

Al bendecirlos Francisco
junto a un roble se apoyaba.
Los que juegan por los valles
saltaban de rama en rama;
los que al cielo se remontan
suspensos su vuelo paran.

*Jacint Verdaguer*

Bendito seas, Dios Todopoderoso,
creador de todos los seres vivos.
En el quinto y sexto días de la Creación,
Tú creaste peces en los mares,
aves en el aire y animales en la tierra.

*Anónimo*

Esta mañana me despertó la alondra
surcando el cielo azul con su silueta hermosa.
Ayúdame a rezar, Señor, en tu compañía
para que como la alondra pueda sentir alegría.

*Original*

Y al amor del hogar calentándose
en invierno, la pobre familia
campesina, olvidaba la dura
condición de su suerte enemiga;
y el anciano y el niño, contentos
en su lecho de paja dormían,
como duerme el polluelo en su nido
cuando el ala materna le abriga.

*Rosalía de Castro*

¡Oh, Señor, cuán numerosas son tus obras!
¡Todas ellas las hiciste con sabiduría!
¡Rebosa la tierra con todas tus criaturas!

*Fragmento del salmo 104*

Tú que inspiraste a San Francisco para que viera
a todos los animales como sus hermanos y hermanas,
te pedimos que bendigas a nuestro perrito.

*Anónimo*

Querido Dios,
los animales son muy especiales.
Nos llenan de cariño
y momentos celestiales.
Nos enseñan a amarlos
y también a cuidarlos.
Gracias.

*Original*

Señor, ya sabes que queremos mucho a nuestro perrito, que
ahora no se encuentra muy bien. Por favor, ayúdanos a cuidarlo.
Haz que el doctor lo ponga bien y podamos volver a tenerlo
en casa cuanto antes.

*Original*

Dios bendijo a todos los animales,
pequeños y grandes.
Nos enseñó a quererlos
y a no lastimarlos.

*Original*

# Seguir a Dios

Dios, tú que me diste la vida
ayúdame contigo a compartirla.

*Original*

No pinta el prado aquí la primavera,
ni nuevo sol jamás las nubes dora,
ni canta el ruiseñor lo que antes era.

*Fray Luis de León*

Tomad, Señor, y recibid
toda mi libertad,
mi memoria, mi entendimiento
y toda mi voluntad;
todo mi haber y mi poseer.

*San Ignacio de Loyola*

A través del follaje perenne
que oír deja rumores extraños,
y entre un mar de ondulante verdura,
amorosa mansión de los pájaros,
desde mis ventanas veo
el templo que quise tanto.

*Rosalía de Castro*

Vivo sin vivir en mí,
y tan alta vida espero,
que muero porque no muero.

Vivo ya fuera de mí,
después que muero de amor;
porque vivo en el Señor,
que me quiso para sí:
cuando el corazón le di
puso en él este letrero,
que muero porque no muero.

Esta divina prisión,
del amor en que yo vivo,
ha hecho a Dios mi cautivo,
y libre mi corazón;
y causa en mí tal pasión
ver a Dios mi prisionero,
que muero porque no muero.

*San Juan de la Cruz*

Dios no es el mar, está en el mar;
riela como luna en el agua
o aparece como una blanca vela;
en el mar se despierta o se adormece.
Creó la mar, y nace en la mar
cual la nube y la tormenta;
es el Criador y la criatura lo hace;
su aliento es alma, y por el alma alienta.
Yo he de hacerte, mi Dios, cual tú me hiciste,
y para darte el alma que me diste
en mí te he de crear. Que el puro río
de caridad que fluye eternamente,
fluya en mi corazón. ¡Seca, Dios mío,
de una fe sin amor la turbia fuente!

*Antonio Machado*

Querido Dios,
ayúdame a ser bueno
cuando comparto mis juegos.
Ayúdame a ser bueno
cuando armo mucho jaleo.
Ayúdame a ser bueno
y a comerme el plato entero.
Ayúdame a ser bueno
cuando peco de ser grosero.
Ayúdame a ser bueno
todos y cada uno de los días.
Ayúdame a ser bueno
para darte muchas alegrías.

*Original*

Señor, que tu espíritu
esté cerca como un suspiro.
Que tropiece yo contigo
cuando ande perdido.

*Original*

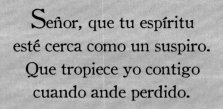

Vuestra soy, para vos nací,
¿qué mandáis hacer de mí?

*Santa Teresa de Jesús*

Ella tiembla, vacila y se estremece.
¿De miedo acaso, o de dolor y angustia?
Con expresión de lástima infinita,
no sé qué rezos murmura.

*Rosalía de Castro*

347

$V$os me disteis,
a Vos, Señor, lo torno.
Todo es Vuestro: disponed de ello
según Vuestra Voluntad.

*San Ignacio de Loyola*

$A$yúdame a saber quién anda perdido.
Si alguien está triste y necesita un amigo.

*Original*

$Q$uerido Dios, cuando crea que no soy nadie
recuérdame que para ti siempre soy alguien.

*Original*

Oh, Señor, haznos hijos del sosiego
y herederos de la paz.

*San Clemente*

Jesús, deja
que siga tu camino
*(señálate los pies)*

haga lo que haga
*(extiende las manos)*

y diga lo que diga.
*(llévate el dedo a los labios)*

*Original*

Querido Dios,
intentaré ser más bueno que el pan,
amable con mis amigos cuando salga a jugar.
No haré lo mismo que ellos si se portan mal:
no quiero que mamá me deje sin cenar.
Pero, Dios, no es fácil ser un niño ideal,
así que si caigo ayúdame a levantar.

*Original*

Padre, quiero ver el mundo como lo ves tú,
vivir la vida como la vives tú.
Preocuparme por el mundo y sus problemas,
colaborar haciendo muchas obras buenas.

*Original*

Aquí estoy como cada noche,
cerca de ti, rezando mis oraciones.

*Original*

Vivir quiero conmigo,
gozar quiero del bien que debo al cielo
a solas, sin testigo,
libre de amor, de celo,
de odio, de esperanzas, de recelo.

*Fray Luis de León*

Ayúdame a saber lo que está bien y lo que está mal.
Ayúdame a ser mejor y cada día avanzar.

*Original*

# Días especiales

Querido Dios, hoy es lunes.
Ayúdame a empezar bien la semana.

Querido Dios, hoy es martes.
Qué lentos pasan los días,
de mí nunca te apartes.

Querido Dios, hoy es miércoles.
Llegamos a la mitad,
bendice a los niños que vengan a jugar.

Querido Dios, hoy es jueves.
La semana se desvanece,
quiero repetirla más veces.

Querido Dios, viernes por fin.
Hora de hacer balance:
gracias por estar de mi parte.

Querido Dios, hoy es sábado.
Mucho que hacer en poco tiempo,
bendice a mis amigos con tus mejores deseos.

Querido Dios, hoy es domingo.
Feliz día. Santo día. Gracias por regalarme esta semana,
que podamos compartir otras muchas mañanas.

*Original*


El domingo es un día divertido,
para sentirte querido.
El domingo es un día de descanso,
después de trabajar tanto.

*Original*

¿Qué santo o qué gloriosa
virtud, qué deidad que el cielo admira,
oh, Musa poderosa,
en la cristiana lira,
diremos entretanto que retira
el sol con presto vuelo
el rayo fugitivo en este día,
que hace alarde el cielo
de su caballería?

*Fray Luis de León*

No conozco este camino... Y ya no alumbra mi estrella
y se ha apagado mi amor.
Así, vacío y a oscuras, ¿adónde voy?
Sin una luz en el cielo y roto mi corazón,
¿cómo saber que es el Tuyo este camino, Señor?

*León Felipe*


Hoy es mi primer día de escuela.
Estoy animado, pero un poco asustado.
Señor, no te separes de mí la jornada entera.

*Original*

Mañana empiezan por fin las vacaciones,
me esperan un montón de emociones.
A disfrutar del sol y la arena,
y alguna que otra verbena.
A dar paseos a caballo por la playa
y a ver las gaviotas desde la atalaya.

*Original*

La baca del coche llena de maletas,
contando uno por uno los días que quedan.
Nos hemos despedido de mil maneras
antes de cerrar todas las puertas.
Hoy es un día especial: ¡nos mudamos!
Señor, acompáñanos en nuestro viaje,
ni un instante te separes.
Señor, con nosotros tienes que estar
para disfrutar del nuevo hogar.

*Original*

He apagado de un soplo
las velitas de mi tarta.
Con un deseo hermoso
y maravillosas palabras.
A ti te pido, Señor,
que el año que viene
cumpla otro más, y bien me siente.

*Original*

Danos el Padre a su único Hijo:
hoy viene al mundo en pobre cortijo.
¡Oh gran regocijo,
que ya el hombre es Dios!

*Santa Teresa de Jesús*

¡Feliz cumpleaños, Jesús!
Gracias por dejarnos compartir este día especial.
Los Reyes te trajeron mirra, por eso celebramos la comida.
Tu familia estaba alegre, por eso nos hacemos presentes.
Gracias por dejarnos compartir la Navidad.
¡Feliz cumpleaños, Jesús!

*Original*

Jesús, tú que moriste por mí,
ayúdame a vivir para ti.

*Original*

Querido Jesús, todo el mundo creía que habías muerto.
Te bajaron de la cruz con lágrimas en los ojos y te enterraron
en una cueva cubierta con una gran losa.
Después, la gente, triste y llorosa, se marchó a casa.
Al regresar para obsequiarte con flores, se llevaron un buen
susto. La losa se había movido, la cueva estaba vacía y tú
caminabas por la hierba. Entonces fueron las personas más
alegres del mundo. No importa si estamos contentos por Pascua.
Lo importante es que estás vivo y siempre lo estarás.

*Original*

# Pedir perdón

No dejéis que el sol se ponga
estando aún enfadados, dice la Biblia.
Señor, cuando me pelee con un amigo,
ayúdanos a hacer las paces
antes de que nos vayamos a casa,
así nos costará menos pedirnos perdón mañana.

*Original*

Dios mío,
me tienes que ayudar.
He dicho cosas feas
y ahora me siento mal.
Quiero empezar de nuevo
como si no hubiera pasado el tiempo.
Abrir mi corazón
y gritar con fuerza ¡perdón!

*Original*

Las cosas van mal esta mañana.
La almohada a mi cabeza parece pegada,
me he peleado con mi hermana
y no me apetece comer nada.
¡No quiero salir de la cama!
Señor, ayúdame a sacar fuerzas.
Quiero salir feliz por la puerta
y dejar atrás los problemas.
Empieza una mañana nueva
y quién sabe, quizá al final no llueva.

*Original*

A veces soy bueno,
otras no me esfuerzo.
A veces estoy contento,
pero otras tuerzo el gesto.
¡Perdóname si no me porto bien!

*Original*


Unas veces soy bueno
y otras soy malo.
Y muchas otras todo lo contrario.
Enséñame a hacer el bien,
a ser bueno quiero aprender.
¡Perdóname si me porto mal!

*Original*

Querido Dios, hoy el día ha empezado mal y ha acabado peor,
como cuando un dibujo sale mal. Me gustaría hacerte
llegar el dibujo para que puedas borrarlo y darme
una hoja de papel en blanco para mañana.

*Original*

Señor, me he portado mal con mi amigo,
te he herido a ti y me he herido a mí mismo.
Quisiera ser bueno con mis padres,
compartir las cosas y ser amable.
Repartir besos en lugar de insultos,
respetar a los demás cuando estemos juntos.
Y al final del día rezarte a ti,
que eres lo más importante para mí.

*Original*

Hoy me he peleado con mi amigo. Perdóname.
Ayúdame a hacer las paces con él ahora
para que pueda ser mejor amigo mañana.

*Original*

Líbrame de estar tan ocupado para no ver
cuando alguien necesita que le eche una mano.

*Original*

Querido Dios, me encantan los secretos. Ayúdame a saber
cuándo debo guardarlos y cuándo contarlos.
Y ayúdame a entender la diferencia entre ambos.

*Original*

Dios Padre, gracias por este día.
Ha habido momentos mejores y peores. Perdóname si me he
portado mal y ayúdame a ser mejor mañana. Gracias por todas
las cosas buenas y por estar conmigo en todo momento.

*Original*

Señor, perdona si en algún momento te ofendí
y enséñame a parecerme a ti.

*Original*

# Buenas noches

Jesusito de mi vida, eres niño como yo,
por eso te quiero tanto y te doy mi corazón.
Tómalo, tómalo, tuyo es y mío no.

*Tradicional*

En paz me acuesto y me duermo,
porque solo tú, Señor, me haces vivir confiado.

*Fragmento del salmo 4*

Cuatro esquinitas tiene mi cama,
cuatro angelitos que la acompañan.
Con Dios me acuesto, con Dios me levanto,
con la Virgen María y el Espíritu Santo.

*Popular*

Cuando contemplo el cielo
de innumerables luces adornado,
y miro hacia el suelo de noche rodeado,
en sueño y en olvido sepultado,
el amor y la pena
despiertan en mi pecho un ansia ardiente;
despiden larga vena
los ojos hechos fuente.

*Fray Luis de León*


Gloria a ti, mi Dios, esta noche,
en que las luces nos hacen más valientes.
Protégeme, rey de reyes,
bajo tus alas todopoderosas e inocentes.

*Original*


Méceme, Virgen María,
quiero dormirme en tus brazos,
guárdame, oh, Madre mía,
con Jesús en tu regazo.

*Tradicional*

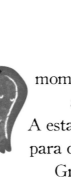

Se acaba el día, Señor.
Ha habido de todo:
momentos felices y momentos de dolor,
aciertos y equivocaciones.
A esta hora quiero acudir de nuevo a Ti,
para dejar en tus manos todo mi día.
Gracias por mis buenas obras.

Disculpa mis errores.
Todo lo pongo ante tu mirada de Padre.
Sé que me amas tal y como soy.
Sé, también, que mañana me ayudarás
a que las cosas me salgan mejor.
A tus manos entrego mi sueño y mi descanso,
porque sé que nunca me dejas solo.
Buenas noches, Señor.

Dame, Señor,
un buen descanso en la noche
y un nuevo amanecer ilusionado
y comprometido con tu Causa.

*Anónimo*

San José obediente y bueno
que cuidaste del Señor,
hazme soñar con el Cielo
tú que fuiste un soñador.

*Tradicional*

Quiero, Señor, prepararte
una alfombra de oración,
ven, por favor, no tardes
y entra en mi corazón.

*Tradicional*

Jesús que sueñas conmigo
entre las olas del mar,
no permitas que me hunda,
y dame siempre tu paz.

*Tradicional*

Antes de cerrar los ojos,
los labios y el corazón,
al final de la jornada,
¡buenas noches, Padre Dios!
Gracias por todas las gracias
que nos ha dado tu amor;
si muchas son nuestras deudas,
infinito es tu perdón.
Mañana te serviremos,
en tu presencia, mejor.

*Anónimo*

Que Dios bendiga al mundo entero esta noche.
Que nos proteja, nos guíe y nos ayude a amarnos para que
tu mundo sea un lugar pacífico y feliz para todos y cada uno.

*Original*

Perdona, Señor, mis pecados,
que me separan de ti,
pues para siempre a tu lado
contigo quiero vivir.

*Tradicional*

Hacia tu monte, Señor,
que es la misa del domingo,
voy subiendo con amor
para encontrarme contigo.

*Tradicional*

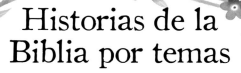

# Historias de la Biblia por temas

## Festividades

## Celebraciones

## Jesús

# Temas

# Índice de las historias de la Biblia

# Índice de las oraciones